Luisa Francia, DRACHENZEIT

„Ich meine, habt ihr schon mal darüber nachgedacht, warum sie Frauen ausschließen? Ihr wißt ja, was sie sagen: Die Zulassung der Frauen zum Medizinstudium oder in Harvard oder irgendwo bedeutet eine Senkung des Leistungsniveaus, aber ihr wißt ja so gut wie ich, daß Frauen bessere Highschoolexamen machen als Männer. Das meinen sie also nicht. Und Frauen zerfleddern die Bücher und beschmutzen die Titelkartei nicht mehr als die Männer, stimmt's? Also ist es bloß Höflichkeit, wenn die Männer vom Leistungsniveau reden. Ein Euphemismus. Sie wollen uns in Verlegenheit bringen. Der wahre Grund ist die Hygiene. Laßt die Frauen durch den Haupteingang herein – und was machen Sie?

Platsch. Platsch. Ein großer Klumpen Menstruationsblut, direkt auf der Türschwelle! Wo sie auch hingehen, die Frauen, das machen sie doch überall: platsch, platsch.

...

Die Frauen sind so. Sie machen es überall: platsch, platsch. Es ist nur ein weiteres Zeichen für den Verfall der allgemeinen Maßstäbe in der modernen Welt, wenn man die Frauen zuläßt."

Marylin French: „Frauen" (S.382)

LUISA FRANCIA

DRACHENZEIT

Verlag Frauenoffensive

4. Auflage, 1994

(Knollerstr. 3, 80802 München)

ISBN 3-88104-165-6

Satz: Sylvia Seyfried, München
Druck: Clausen & Bosse, Leck
Umschlaggestaltung: Ine Guckert, Forstinning

Dieses Buch ist gedruckt auf Papier aus chlorfrei gebleichtem Zellstoff.

INHALT

Teil 1
ANNÄHERUNG AN DEN MYTHOS MENSTRUATION

Ich sitze auf dem Zeremonienplatz in einem alten Dogon-Dorf in Mali. Die Dogon, die es heute noch gibt, leben im neuen Dorf. Sie sind mittlerweile fast alle zum Islam abgewandert. Es gibt hier im alten Dorf nur noch eine sehr alte Frau und zwei alte Männer, die bleiben und mit den Ahnen Kontakt halten. Sie werden von den Frauen des Dorfes mit Nahrung versorgt. Sie gehen nicht in das neue Dorf.

Aber wenn die Frauen im neuen Dorf menstruieren, kommen sie in die alten Häuser. In den Schutz der Ahnengeister. Sie isolieren sich vom geschäftigen Treiben des Dorfes und tauchen ein in die beseelte Welt der Ahnen. Das heilige Dorf von einst ist Menstruationsplatz.

Ich bin fünf Jahre alt. Mit Verwandten gehe ich in eine katholische Kirche. Da ist ein Mann dargestellt, der brutal auf einen Drachen einsticht. Ich fange an zu weinen.

Ich sehe viele Kirchen mit vielen grausamen Drachenkampfmotiven. Überall Blut. Jesus blutet am Kreuz, der getötete Drachen blutet. Nur Maria blutet nicht oder wenn, dann am Herzen, das ist nicht so ordinär.

Ich bin acht. Ich lese mit Vorliebe Märchen. Mein Lieblingsmärchen: Das Zauberroß. „Sooft aber der Jüngling einem Drachen den Kopf abschlug, wuchsen drei noch scheußlichere Köpfe nach.“ Das würde ich auch gerne können: Schreckliche Köpfe wachsen lassen.

Der Drachen meiner Kindheit: meine Oma, der Hausdrachen. „Du Drak“, sagt meine Mutter, wenn sie mich frech, aber auch witzig findet.

Der Tatzelwurm am Wendelstein, wohin wir oft zum Bergsteigen gehen, erregt meine Neugier genauso wie die Lindwurmstraße in München, wo meine Tante wohnt, oder der Würm-See. Ich stelle mir einen riesigen sanften Wurm vor, über den ich hinweglaufe. Meine Füße kitzeln ihn, und er lacht Feuer.

„Du mit deiner lebhaften Phantasie", sagt meine Mutter.

Einmal im Monat steht im Bad ein alter Emailletopf, in dem weiße Lappen schwimmen, die rote Flecken haben. Die Flüssigkeit ist rotbraun. Riecht. Die Stoffbinden werden eingeweicht, gewaschen und kommen dann nie ganz sauber, mit braunen interessanten Flecken und etwas dunkleren Rändern in ein besonderes Fach im Bad. Unser Bad hat keinen Schlüssel. In unserer Familie gibt es nur Frauen.

Ich habe MEINE ZEIT, sagt meine Mutter. Es ist wirklich ihre Zeit. Unsere jedenfalls nicht. Sie ist unansprechbar. „Ein richtiger Drachen bist du, wenn du deine Zeit hast", sagt meine Oma. Unwohl, sagt sie auch. Unwohl sein. Etwas stimmt nicht. Aus der Normalzeit, der Realzeit aussteigen in MEINE ZEIT oder MEINE TAGE, in die REGEL.

Meine Mutter hat keine besonderen Schmerzen, sie ist nur ungeduldig. Sie horcht in sich hinein. Von uns beiden Töchtern und der Oma fort: in eine andere Zeit. Drachenzeit. Meine Mutter ist lustig, manchmal wütend. Aber wenn sie ihre Zeit hat, ist sie nervös, gereizt, wie ein eingesperrtes Tier. Sie erinnert sich an etwas. Aber an was? Niemand erfährt es. Niemand weiß es.

Ich sitze auf der Schulbank, zweites Jahr Gymnasium. Etwas läuft warm und angenehm aus meiner Vagina. Ich weiß es. Es ist meine Zeit. Ich nehme einfach meine Schultasche und laufe heim. Laufe zu meiner Mutter ins Büro und erzähle es ihr. Sie lächelt. „Schrei nicht so", sagt sie. Zeit der Geheimnisse. Warum darf man es nicht hören? Haben ES nicht alle Frauen? Ja, aber es ist nicht gut, darüber zu reden. Die Männer... Ich denke an meine scheuen Blicke, wenn Frauen schwanger sind. Der dicke Bauch, das ist irgendwie schutzlos. Und jetzt das Blut. Auch schutzlos. Wir behalten es für uns. Sagen's niemandem. Beim Essen reden wir darüber. Die Oma hat ES nicht mehr, und ich bin jetzt die letzte, die es gekriegt hat. Alle grinsen. Jetzt gehöre ich dazu. Ich bin erwachsen. Eine Frau.

In meiner Familie haben sich die Männer nicht lange gehalten. Es wird viel gestritten und herumgeschrien, aber es gibt in dem Sinn keinen Boß. Meine Mutter ist inkonsequent in der Summe ihrer Reden. Nichts ist endgültig. Du gehst mir nie mehr... heißt es, und schon gehst du wieder. Du trinkst jetzt keinen Kakao... und schon wird Kakao gemacht. Jetzt gehst du aber ins Bett... und stundenlang sitzen wir herum und spielen

Domino.

Familienoberhaupt ist, wer die meisten Kräfte hat und sich durchsetzt. Nicht selten die Jüngste. Was nicht heißt, daß keine Machtworte gesprochen werden. Aber die Macht ist wechselhaft, wird angezweifelt, wird aufgegeben, aufgebaut, vergessen. Niemals ist etwas unwiderruflich. Nie kommt etwas ENDGÜLTIG VOM TISCH.

Meine Oma ist Witwe. Lustige Witwe, sagen die Nachbarn. Sie hat eine Freundin, die Rosl, mit der sie von Kneipe zu Kneipe zieht. Rosl bewundern wir. Sie ist fett und vulgär und uralt (ungefähr fünfzig). Zusammen machen sie jedes Lokal und jeden Ball unsicher. Meine Tante fährt Motorrad und raucht achtzig Zigaretten am Tag. Sie hat eine wahnsinnig laute Stimme (nur in Afrika schreien die Frauen einander aus nächster Nähe so laut an, wie in unserer Familie früher geschrien wurde). Meine Mutter ist weich und eher schüchtern. Viel zu gut. Wir finden, daß sie sich ausnutzen läßt.

Meine Schwester ist groß und stark, wie ich werden will. Da muß ich aber noch viel essen, heißt es. Ich beschreibe diese Familie so genau, weil sie eine Drachen-Familie ist: Drachen haben nur Mütter und Großmütter.

Da hätten auch keine Männer Platz im Feuer der Hausdrachen und Quadratratschen, der Xanthippen und Sphingen. Ich muß immer lachen, wenn mir die Freundinnen in der Schule erzählen, daß der Vater am Abend herumschreit. Zum Beispiel den legendären Satz: Solange du deine Füße unter meinen Tisch stellst, wird getan, was ich sage. Köstlich! Daß es so komisch nicht ist, merke ich an den blauen Flecken und den rotgeweinten Augen. Und am Zeugnistag wird unsere Wohnung Asyl für Kinder auf der Flucht vor Gummiknüppeln, Pantoffeln und harten Händen.

Ich kenne die Schuppenhaut der Drachenweiber, heiß und angenehm. Die listigen, manchmal gemeinen Augen. Die bissigen Bemerkungen, den Schwefel, der aus ihren Mäulern raucht. Die Feuersäulen ihrer schlechten Laune, den Rauch ihrer Wut, das Feuer ihrer Aggressionen, den Teer, der sich auf die Seele legt, wenn die Depressionen kommen. Das kreischende Gelächter der kartenspielenden Frauen in der Küche war die beruhigende Wiege meiner Kindheit. Wo so gelacht und gekichert wird, kann dir nichts passieren.

Und dann das Blut. Die Krämpfe. Das Ziehen vorher. Die Anspannung. Das Aufstauen der Gefühle bis zum Feuerspucken.

Die Familie windet sich nicht selten gleichzeitig in der „Drachenzeit". Bissig aufeinander, streitsüchtig, unversöhnlich, wehleidig, sentimental, zärtlich, jammernd, lachend und stöhnend. Und dann gibt's nur eine Wärmflasche. Meine Schwester tritt mir die Klotür ins Gesicht, weil ich rein will. „Hau ab, kannst du mir nicht EINMAL meine Ruhe lassen."

Wenn alle unwohl sind, ist immer noch Oma da, die über uns den Kopf schüttelt, über das „Geschiß", das wir machen.

Ich bin sechsunddreißig. Wir lagern in einem einsamen Tal im Tassili-Gebirge in der algerischen Sahara, umgeben von Tausenden von Kilometern Sand und Fels. Hinter mir bewegt sich etwas in der stockschwarzen Nacht. Es ist ein hoher Fels – kann sich nicht bewegt haben. Und doch: die Spitze beugt sich zu mir herab. Ein fahles, schwefliges Leuchten. Wir haben zwischen drei uralten Drachen unser Zelt aufgeschlagen. Zwei der Drachen schlafen noch.

Drachen wollen aufwachen.

Hat jemand gesprochen?

Ich sitze am Fuß des Felsens, in meinen Schlafsack gewickelt, und denke nach.

Warum wälzen sich Drachentöter im Drachenblut?

Überleg mal.

Rote Bemalung. Im Blut wälzen. Mit Blut den Körper bemalen. Blut und Macht. Wenn viele Frauen zusammen bluten...

Aber Männer bluten doch nicht? Das Drachenblut ist ja nicht ihr Blut.

Blut ist Symbol für Macht. Hast du das Symbol, so hast du auch die Macht.

So ist es heute noch in vielen afrikanischen Kulten: Hast du das Blut, hast du auch die Substanz des Menschen, von dem das Blut stammt. Was du dir einverleibst, wird ein Teil von dir. Die kannibalischen Stämme Afrikas aßen das, was sie beim Gegner am meisten fürchteten/bewunderten...

Blut. Drachenblut. Wachbleiben. Nachdenken.

Aber ich schlafe ein.

Und am nächsten Morgen weiß ich es:

Ich will die Drachen aufwecken und etwas über sie und ihr Blut erzählen.

DRACHEN. DIE ALTE ZEIT

Eigentlich könnten wir Drachen vergessen. So wie Riesen und Zwerge, Geister und Feen vergessen wurden oder am Rande unserer Phantasie dahinvegetieren. Drachen gibt's schließlich nicht. Es hat einmal Dinosaurier gegeben, die kann man heute noch in naturwissenschaftlichen Museen bewundern.

Aber das sind keine Drachen.

Es gibt keine frühgeschichtlichen Darstellungen von Drachen. Alle Beschreibungen von Drachen, fliegenden Schlangen, Löwen mit Flügeln, feuerspeienden Sphingen, Ungeheuern mit Drachenschwänzen stammen aus späteren Zeiten, in denen bereits die Schrift entwickelt war. Und es gibt überhaupt keine Beschreibungen dieser Drachen, die nicht wertend sind: abwertend. Wenn Drachen in unserer Kultur dargestellt werden, sind die Darstellungen moralisch, das heißt, die Drachen werden verteufelt, weil gefürchtet. Das gilt nicht für die chinesische Kultur, in der die Drachen Machtsymbol und Glücksbringer sind, genauso wie in asiatischen und südamerikanischen Kulturen. Diese Aussage gilt also vor allem für die frühe morgen- und abendländische Kultur, für unsere Kultur, mit der wir aufgewachsen sind.

Vielleicht hätte ich mich niemals so intensiv mit Drachen beschäftigt, wenn die katholische Kirche nicht so vehement auf diesen Drachenkämpfen bestehen würde. Mich hat interessiert, wie es kommt, daß eine Religion, die jetzt, im 20. Jahrhundert, gelebt und gelehrt wird, diese Drachenkampflegenden so wichtig nehmen kann, obwohl Drachen weder eine aktuelle oder überhaupt irgendeine Bedrohung darstellen noch darstellten.

Es gab keine Drachen, und es gibt keine Drachen. Warum also die Drachenkämpfe? Warum diese blutrünstigen Darstellungen, dieses unappetitliche Sich-im-Blut-Wälzen.

Wir sind ja von der Kirche einiges an Brutalität gewöhnt: Da hängen sie ihren Helden auf, nageln ihn an, verherrlichen sein Leiden, setzen ihm eine Dornenkrone auf. Symbol der Religion an sich sind Sado-Maso-Instrumente zusammen mit einem gefolterten und hingerichteten Mann. Sie trinken sein Blut und essen seinen Leib und rühmen sich auch noch dieser kannibalischen Taten.

Da sollte es eigentlich nicht verwundern, daß sie Engel und Heilige ausschicken, um Drachen zu töten. Ich habe mir bei allen Dingen, die in meinem Kopf haften bleiben, angewöhnt, nachzufragen: warum? Und: woher kommt das? Und: gegen wen geht das?

Die älteste Überlieferung einer Urschlange ist Tiamat.

Tiamat ist die mesopotamische Urmutter zu einer Zeit, als „das Nichts, das oben war, noch nicht Himmel und das Nichts, das unten war, noch nicht Erde genannt wurde". Sie war die Drachin, die viele Gestalten annehmen konnte, wie wir auf chaldäischer Keramik und von den Inschriften des Marduk-Tempels erfahren haben. Tiamat wird urgeschichtlich als Schöpferin, Erschafferin und Gebärerin des Universums und der Erde gesehen. Diese Einsicht stammt noch aus der Zeit, in der man wußte, daß Männer nicht gebären können, sondern alles aus der Frau kommt. Aus ihrem Drachenleib gebar Tiamat die Erde und das Meer, die Königin der Träume, der Ängste und der Tiefe. In einer Darstellung steht sie auf zwei Tierbeinen und hat einen Federleib. In der babylonischen Kultur, in der die Frau mit dem Zeichen „Göttin des Hauses" beschrieben wurde, hatte Tiamat die Stellung der Schöpferin-Mutter. Bevor die Erde erschaffen war, sagten die Babylonier, gab es nur Tiamat, die Drachenfrau der bitteren Wasser und der süßen Quellen. In dieser zeitlosen Unendlichkeit von immerwährender Schöpfung gebar Tiamat Ungeheuer, Stürme, Wesen, die nur in unseren Träumen entstehen. Sie gebar auch Götter, die es sich an fernen Orten des Universums bequem machten. Sie begnügten sich aber nicht, dort herumzuspuken, sondern störten Tiamat, die beschloß, sie in ihre Grenzen zu weisen. Mummu Tiamat (Mutter Tiamat) tauchte als Meerschlange in die Tiefen ihrer Kreation.

Aber Marduk, ihr Sohn, wollte sie töten. Hier ist der Grundkonflikt: Alles war aus ihrem Leib geboren worden, aber der Sohn wandte sich gegen sie und suchte ihre Macht. Er wollte sich nicht den Gesetzen der Schöpfung beugen, er wollte mächtiger sein als die Schöpferin, die ihn geboren hatte. In alten Versionen des Mythos griff Marduk, der Sonnen-Sohn, seine Mutter Tiamat, die Gebieterin der Tiefe, an, und sie fraß ihn und nahm ihn in die Nacht ihres Universums hinein, um ihn wieder von neuem auszuspucken.

Tiamat, auch Tohu Bohu, Schöpferin der vier weiblichen Elemente: Nacht, Tiefe, Wasser und Ewigkeit, war die lebensspendende Drachin, die auch den Tod brachte. Ihr erstgeborenes Kind war Mummu, das Ebenbild ihrer selbst. Die Erde formte sie aus ihrem Menstruationsblut, und noch heute wird die Ostküste des Roten Meeres, das ihr Menstruationsort war, Tihamat genannt.

Marduk wollte Tiamat entmachten. Während die älteren Darstellungen zeigen, daß Marduk von Tiamat verschlungen wird, gibt es spätere Deutungen, die besagen, Marduk habe sie mit seinem Schwert in zwei Hälften geschlagen. Er habe sie getötet und besiegt, und obwohl er so die Macht errungen habe, sei es mit der Zeitrechnung doch beim alten babylonischen Menstruationskalender geblieben – die älteste aller Zeitrechnungen, die auf Tiamat und ihr Menstruationsblut zurückgeht. Marduks Mord wurde als Heldentat verklärt und damit gerechtfertigt, daß „Tiamat die Drachin des Chaos" war.

So gründlich haben wir diese älteste Entmachtungsdarstellung der Urgöttin verinnerlicht, daß es Lexika von Feministinnen gibt, die Tiamat nicht in ihrem Index haben, sondern nur Marduk.

Eine andere überlieferte Drachin der alten Geschichte ist Lilith. Adam soll dem Mythos nach versucht haben, sie zu heiraten, sie aber hob sich in die Lüfte und kehrte zu ihrem Wohnort am Roten Meer (!) zurück. Das Rote Meer symbolisiert auch in dieser Überlieferung „den Ozean des Blutes, der alle Dinge hervorbringt". Die griechischen „Stringes" und die „striges" aus der römischen Mythologie sind die Nachfahrinnen der Lilith und werden so beschrieben:

> „Gierige Vögel sind sie. Sie fliegen nachts herum. Sie suchen Kinder, wenn die Amme abwesend ist. Diese tragen sie weg. Sie verderben ihren Körper mit ihren Krallen. Sie sollen die Eingeweide des Säuglings mit ihren Krallen herausreißen. Ihren Schlund haben sie voll von dem Blut, das sie trinken..." (Hurwitz: „Lilith, die erste Eva".)

Die grausamen Drachinnen, die Säuglinge fressen? Hier nähern wir uns der Hauptangst der patriarchalen Herrschaften: Die von niemandem abhängige, niemandem zugehörige, von niemandem zu domestizierende, blutende Frau, die auch noch selbst Geburtenregelung praktiziert.

In der früh-mystischen sogenannten Hechalot-Literatur gibt es eine Beschreibung dieser Dämoninnen:

> „Schwarze Striga, schwarz über schwarz.

Blut wird sie essen, Blut wird sie trinken.
Wie ein Ochse wird sie brüllen.
Wie ein Bär wird sie brummen.
Wie ein Wolf wird sie erdrücken." (Hurwitz)

Lilith ist noch eine Ur-Drachin, Ur-Dämonin, die gefürchtet, aber von niemandem besiegt wird, denn sie kann „erst am jüngsten Tag" sterben. Lilith wird mit dem hebräischen „laila" – die Nacht – in Verbindung gebracht, und es wird über sie gesagt, daß sie „sich dem Mann gegenüber nicht geöffnet hatte... vor ihrem Mann die Kleider nicht öffnete". Ähnliche Eigenschaften werden von Istar, der „roten Göttin von Babylon", überliefert, deren Priesterinnen den Mond-Menstruationskalender von Babylon einführten und Initiationsfeste für die erste Menstruation und damit die Einweihung junger Mädchen zur erwachsenen Frau feierten. Die *rote* Göttin ist hier ebenso ein Hinweis auf das Menstruationsblut, wie das *rote* Meer der Urkessel allen Lebens ist: die Gebärmutter mit dem Menstruationsblut.

Noch befinden wir uns in der Frühzeit, die Drachinnen, die Meeresungeheuer und die fliegenden Seeschlangen sind noch Göttinnen, bringen Fruchtbarkeit und Tod und haben Namen. Wie beispielsweise Charybdis, das Meeresungeheuer, das ganze Schiffe verschlingen konnte. Oder die mit ihr befreundete Scylla. Zwölf Füße hat diese Meerdrachin, sechs Hälse und sechs gräßliche Köpfe, und ihr Leib endet in zwei Delphinschwänzen. Wesentlich freundlicher und ohne Angst werden in den arabischen Mythen die Unsas beschrieben: fliegende schlangenartige Frauen, Göttinnen, die verehrt und angebetet wurden, die Rat und Hilfe gaben und Orakel beantworten konnten.

Der Beginn des Patriarchats läßt sich an den überlieferten Mythen leicht ablesen: Werte, die früher wichtig und gut waren, werden dämonisiert. Die mit Furcht und Verehrung überlieferte Ur-Schlangen-Mutter, die Frau und Göttin, aus der Leben und Tod kommt, muß bekämpft werden.

Das Blut, das die Erde und alle Wesen hervorgebracht hat, wird verteufelt, statt dessen werden Mythen hervorgebracht, die zeigen, daß auch Männer gebären. Beispielsweise Zeus, der Athene aus seinem Kopf gebiert. Genauer läßt sich eine mythische und geschichtliche Situation nicht beschreiben: Es kommt die Zeit der Kopfgeburten. Den Frauen wird der Kampf angesagt.

So werden nun die Gorgonenschwestern, die zwar atemberaubend schön, aber ebenso schrecklich in ihrer Unberührbarkeit und Freiheit sind, zu scheußlichen, stinkenden Kreaturen mit Schlangenhaaren und schuppigen Leibern. Sie leben am Weltenfluß, jenseits der Zeit (zwischen den Welten, zwischen Matriarchat und Patriarchat, könnten wir heute auch sagen). Ihre Drachenköpfe sind mit schwefligen Schuppen bedeckt, am Rücken tragen sie mächtige Flügel. Wie viele frühe Ur-Göttinnen sind die Gorgonen eine Triade mit den Namen: Medusa = Weisheit, Stheino = Stärke und Euryale = Weites Meer. Der Mond wurde auch oft „Gorgonenkopf" genannt. Ausgerechnet der Zeus'schen Kopfgeburt Athene wurde ein Schild mit dem Kopf der Medusa verpaßt. Die vereinnahmte, männlich orientierte, kriegerische Göttin kämpft mit der Kraft, die sie besiegt hat: mit der Kraft der alten Drachin.

Die Meerdrachin Echidna, die schon Scylla und Charybdis hervorgebracht hat, ist auch die Mutter der gefürchteten Hydra. In der Zeit der Drachenkämpfe und der heldenhaften Feldzüge gegen die Ungeheuer der alten Zeit wurde Herakles auf Hydra angesetzt. Ein Zischen kam aus ihren vielen Drachenköpfen, und ihr Blut war so giftig, daß sogar noch ein Tropfen ihres Blutes, verwoben im Siegesmantel des Herakles, diesen tötete, nachdem er die scheußliche Drachin doch besiegt hatte. Hier haben wir den ersten konkreten Hinweis in den griechischen Mythen noch vor unserer Zeitrechnung, daß es mit dem Blut der Drachinnen eine besondere Bewandtnis hat.

Eine andere Tochter der Echidna ist Sphinx, die Löwenfrau mit den Drachenflügeln. Sie blieb in den Mythen unangetastet, denn in ihr ruht die Weisheit der Welt, und wer sie herausfordert, wird vernichtet.

In den neueren Mythen sind Drachen Hausgeister oder Zauberwesen „jenseits der Zeit" und „zwischen den Welten". Sie scheinen hauptsächlich Jungfrauen und Edelsteine zu bewachen und die Schätze zu hüten, die große magische Bedeutung haben. Als „Nachtschädling" (Beowulf-Sage) rückten sie in die Nähe der Hexen, die nachts fliegen und aus-ufern. Der Drachenstein in antiken Mythen ist oft der berühmte Karfunkel oder Blutstein, der, wie alle roten Steine, zum Beispiel von Hildegard von Bingen dem weiblichen Blutfluß zugeordnet und dafür auch als Therapie empfohlen wird. Sturm und wildes Wetter wie auch Feuer werden Drachen zugeschrieben (oder eben den Hexen, und wer weiß, ob sie nicht eins sind...)

Der Volksmund selbst stellt eine innige Verbindung zwischen

Menstruation und Drachen her, indem er Drachen und menstruierenden Frauen Gleiches nachsagt: sie lecken Mineralgestein, alles, was sie berühren, stirbt ab, ihre Augen haben vernichtende, magische Kraft. Ihre Ausdünstung ist giftig. Die Blutstropfen hinterlassen verhängnisvolle Spuren. (In vielen Kulturen gibt es den Aberglauben, daß man nicht unter einer Leiter oder einem Apfelbaum durchgehen soll, weil einen dann ein Blutstropfen von einer menstruierenden Frau treffen könnte. Besonders aber soll man das alles nicht bei Vollmond tun, denn der Vollmond wird mit der menstruierenden Frau gleichgesetzt.)

Ein Zauberspruch aus dem Nahetal, der unerwünschte Krankheiten verschwinden lassen soll, heißt:

Die Rose und der Drache
Gingen miteinander zum Bache
Der Drache ertrank
Und die Rose verschwand.

Hier sollten wir es uns nicht nehmen lassen, das Symbol der Rose anzuschauen: Wie später noch genauer beschrieben, ist sie ein Sinnbild für die weibliche Sexualität.

Mandragora, die Drachen-Wurz, ist sowohl eine Zauberwurzel als auch ein Mittel zur Linderung von Menstruationskrämpfen.

Daß Drachen auch als Korndrachen im Volksbrauch auftauchen, zeigt ihre enge Verbindung zur Fruchtbarkeit. Sie bringen das Korn und damit das Leben. Korn steht immer auch für die Fülle und Kraft des Bauches.

Die christliche Kirche hat aus ihrer Beschäftigung mit Drachen einen kleinen Reim gemacht, der die Menschen in Zwietracht zu Drachen bringen sollte:

„Es ist einmal ein Drake gewesen. Alleluja.
Der hat die Leute aufgefressen. Alleluja.“

QUELLEN

Barbara Walker: *The Women's Encyclopedia of Myths and Secrets.*
Dr. Vollmers Wörterbuch der Mythologie.
Patricia Monaghan: *Women in Myth and Legend.*
Lawrence Durdin-Robertson: *The Goddesses of Chaldea, Syria and Egypt.*
Merlin Stone: *Ancient Mirrors of Womanhood. / When God was a Woman.*
Siegmund Hurwitz: *Lilith, die erste Eva.*
Robert Graves: *Die weiße Göttin.*
Thomas Hausschild: *Der böse Blick.*

DRACHENKÄMPFE. DIE NEUE ZEIT

Während in den alten römischen, griechischen und in den viel weiter zurückliegenden chaldäischen, sumerischen und babylonischen Mythen die Drachinnen, die Meeresungeheuer, die fliegenden Schlangen, die geflügelten Löwinnen, die Dämoninnen der Nacht noch mit Furcht, Achtung und Verehrung überliefert werden, denn sie sind der Ursprung allen Lebens und des Todes, kann sich das erstarkende Patriarchat mit seinen neuen Religionen und dem einzigen Gott solche dunklen Ecken und solche Zugeständnisse an die weibliche Schöpfungskraft nicht mehr leisten, wenn es die Macht wirklich erobern will.

Schon bei Herakles und Hydra, bei dem unerbittlichen, tödlichen Kampf gegen Medusa wird klar, daß diese Kraft geschichtlich ausradiert werden soll. Die Mythen, auch in zunehmendem Maß die alten Mythen, werden verändert. Das „Gräßliche", „Scheußliche", „Furchterregende" kommt zu den Beschreibungen der Ur-Göttinnen. Der patriarchale Machtanspruch muß die Macht der Göttin vernichten, um sich durchzusetzen, und was im Mythos der Tiamat überliefert ist, verbreitet sich überall: Der Sohn muß die Mutter töten, die unheimliche, dunkle Kräfte hat. Dieses schreckliche Blut, das die Mutter mit mondgleicher Regelmäßigkeit überall auf die Erde tropft, ist Sitz dieser dunklen Kraft, über die kein Mann verfügen kann. Blut ist der Mittelpunkt allen Lebens und Sterbens, Substanz der alten Macht.

Eine solche Schwäche, wie Herakles sie an den Tag gelegt hat, indem er an einem Blutstropfen der Hydra stirbt, kann sich der neue patriarchale Mythos nicht leisten. Kurzerhand wird das Blut als Träger der alten Macht erkannt und benutzt. Achilles wird in die Styx getaucht und damit unverwundbar gemacht. Was aber ist Styx anderes als der Menstruationsfluß von Leben und Tod der Göttin, der dunkle Höllenfluß in Form der Meertochter Styx. Jetzt ist also das Blut nicht mehr tödlich, sondern macht unverwundbar. Aber es funktioniert nicht. Achilles wird von der lebensrettenden Flüssigkeit nicht ganz bedeckt und an der berühmten Stelle, die frei bleibt, tödlich verwundet. Warum wird er nicht wirklich unverwundbar? Das gleiche Problem hat der Siegfried der germanischen Mythologie. Er kämpft mit dem Drachen, dem Ur-Vieh aller Mythen und tötet es. Er wälzt sich im Drachenblut, weil es unverwundbar macht. Und auch er hat Pech: Ein Blatt klebt an seiner Schulter, und so bleibt eine Stelle frei, in die Hagen sein tödliches Schwert stößt.

Das Blut soll aufgesaugt, einverleibt werden, aber es klappt nicht: Weil unsere männlichen Helden nicht selbst bluten können. Zwar ist das Blut der Ur-Drachin mächtige Substanz, aber nicht für die Helden der neuen Zeit.

Jetzt greift die christliche Kirche ins Geschichtsgeschehen ein. Sie zieht eine Bilanz der heidnischen Religionen, die es auszurotten gilt, nach dem Motto: Was können wir brauchen, was kann weg? Wie kriegen wir die Leute, wie motivieren wir sie? Brauchen kann die Kirche die Madonna als Ablösung der Göttin. Brauchen kann sie auch die Engel, die fliegenden, weiblichen Wesen, zu denen gebetet wird. Sie werden von ihrem lästigen Geschlecht befreit und neutralisiert. Ätherische Wesen sind sie jetzt, wertfrei, pflegeleicht.

Doch was ist mit dem weiblichen Geschlecht zu tun, das die Mythen so sehr dominiert, daß überall Amulette und Schutzzeichen in Form von weiblichen Geschlechtsteilen in Gebrauch sind? Daß Talismane mit Menstruationsblut versehen werden, um stärkere Wirkung zu bringen? Aus der Vagina wird flugs die Mandel, in die die gereinigte Göttin Maria gestellt wird. Und das Blut, das überall verehrt wird und die Gründung der sterilen Kirche überschattet, wird zum Opferblut. Das ist die Lösung. Das Blut unseres Herrn: Dies ist mein Blut, das ich für euch vergossen habe.

Von ungefähr kommt diese Idee nicht. Schon die Priester der Kybele versuchten, den Makel des Nicht-Menstruierens durch Kastration wettzumachen. Das war aber keine sehr populäre Maßnahme unter den Männern der damaligen Zeit, und so ließ man auch diesen Brauch bald verschwinden, um ihn durch Tier- (und Menschen-)Opfer zu ersetzen. Aus Milch und Blut der matriarchalen Zeit wird das Opferblut.

Die Drachinnen der alten Zeit waren aber mächtig. Sie rumorten in den Köpfen der Menschen. Die neue Religion war etabliert, doch die alten Ängste und die alten Göttinnen waren noch stark. Je mehr die Menschen ihren früheren Glauben an die neue

Religion verrieten, um so stärker wurde die Angst. Deshalb mußte die Kirche die alten Drachen besiegen, um das Gewissen der Schafe, die sie einkassiert hatte, zu beruhigen.

Also wurde die wichtigste Tat der Heiligen der Kampf mit dem Drachen. So wurden die Menschen befriedigt und getröstet: Erzengel Gabriel (eines dieser „neutralen", fliegenden Wesen) tötete den Drachen ebenso siegreich wie der Heilige Georg und der Heilige Michael. Die Kirche siegt über die alte heidnische Sündigkeit. Doch die Zweifel hören nicht auf: Können auch Frauen die alten Drachen besiegen? Schon wird Margarethe präsentiert. In manchen Darstellungen bringt sie den Drachen mit eigenen Händen um. Es gibt auch mittelalterliche Künstler, die den neuen Trend der Kirche besser einschätzen konnten: Sie ließen Martha, die heilige, mit dem Drachen am Halsband spazierengehen. Damit ist auch hier wieder alles gesagt. Maria wird ihres Geschlechts beraubt. Wenn sie Jesus schon nicht wie Zeus aus dem Kopf gebären kann (diese Geschichte ist ja vom Volk, das den Vorgang anders kennt, nie so richtig anerkannt worden, und darauf kommt's ja an: nicht die Intellektuellen, sondern das Volk muß die Kirche akzeptieren), so muß sie ihn wenigstens schön steril ohne geschlechtliches Drumherum, ohne das obszöne Tohu(Wa)Bohu gebären. Befruchtet von einem ENGEL und nicht von einem blutigen Drachen.

Die Drachenkraft einer Tiamat, einer Lilith, einer Hydra gar wird gezügelt, für Tabu erklärt. Dieses Tabu entsteht in allen Kulturen etwa zur selben Zeit: Es ist der Beginn der Isolation von Frauen zur Zeit der Menstruation. Die Dämonisierung menstruierender Frauen nimmt hier ihren Anfang.

Die neuen verehrungswürdigen Frauen der Kirche sind mystische Heldinnen, Äbtissinnen, die ihren Körper vergessen haben oder totschweigen. Frauen, die Visionen und Erleuchtungen haben, die sich aufopfern für ihre Umgebung, die unter Einsatz ihres Lebens andere retten. Die Werte haben sich so sehr gewandelt wie die Heiligen: Nicht Leben und Tod als Folge voneinander, als die Schlange, die sich in den Schwanz beißt und damit die unendlich sich erneuernde Kraft symbolisiert, sind Gegenstand der Verehrung, sondern nur noch das Leben in seiner mythischen, abgehobenen, irrealen Form.

Wirklich dankbar bin ich der guten Therese von Konnersreuth, die mit ihren dramatischen Blutungen aus der Hand für mich die Spur gelegt hat: Sie wurde nämlich bezichtigt, Menstruationsblut auf die angeblichen Wundmale getropft zu haben. Allein dafür sollte man sie heiligsprechen, finde ich.

Das Bewußtsein über die Notwendigkeit natürlicher Zyklen verschwindet in dem Maß, wie die Zyklen selbst unsichtbar werden, verschwinden. Tod und Menstruation sind jetzt tabu, werden versteckt, sind belastet mit Angst und Trauer.

Verschwunden sind die Mondkalender der Frühzeit, wie wir sie auf Gefäßen aus dieser Zeit mit 29 oder 30 Löchlein und kleinen Stäbchen, die den Ablauf der Zeit zeigen, heute noch sehen können. Der Sonnen-Held hat die blutende Nachtmutter, die Mondgöttin besiegt. Das lateinische Wort Mens für Monat und Menstruation ist heute kein Zeitbegriff mehr. Jetzt wird ewig gelebt und wenn schon gestorben, dann am dritten Tag auferstanden. Ewiges Leben. Ewige Schönheit. Ewige Jugend.

QUELLEN

Barbara Walker: *The Women's Encyclopedia of Myths and Secrets.*

Dr. Vollmers Wörterbuch der Mythologie.

Patricia Monaghan: *Women in Myth and Legend.*

Studium der Drachenkampfdarstellungen in katholischen Kirchen in Bayern und Österreich.

DRACHEN IM MÄRCHEN

Drachen haben einen Kopf oder sieben. Manchmal haben sie drei, sechs oder neun Köpfe. Drachen haben Großmütter. Drachen verschlingen Menschen und spucken sie wieder aus. Drachen hüten Schätze. Drachen verlangen jedes Jahr eine Jungfrau als Gabe, damit sie das Land nicht verwüsten. Prinzessinnen werden von Drachen bewacht. Nicht der ältere, stärkere, heldenhafte Bruder kann sie befreien, sondern der jüngere, unschuldige. Drachen muß man drei oder sieben Jahre dienen. Drachenköpfe werden abgeschlagen und wachsen wieder nach. Wer einem Drachen aus der Not hilft oder ihn aus einer schlimmen Lage befreit, dem hilft er im Leben weiter und macht ihn glücklich. Wer Drachen weckt und ihnen wieder Lebensraum gibt, wird von ihnen reich belohnt. Die Prinzessin lebt in Drachengestalt hinter dem blauen Berg verborgen. Die furchtbare Mutter des Drachen verfolgt alle Eindringlinge im mythischen Wald. Helden kämpfen mit Drachen. Drachen haben Töchter. Drachen verzaubern Prinzessinnen. Drachenblut macht unverwundbar. Drachen sind mächtig. Sie besitzen nichts, hüten aber Schätze: Prinzessinnen, Perlen, Schlösser, magische Wälder, magische Berge. Drachen spucken Feuer. Drachen leben im Meer. Drachen leben auf Bergen. Drachen leben am Ende der Welt. Drachen existieren jenseits der Zeit, zwischen Himmel und Erde. Drachen sind älter als die Zeit. Drachen sprechen in der Ursprache der Schöpfung. Niemand kann in Drachenaugen schauen, denn ihr Blick ist so abgrundtief weise und alt, daß keine sterbliche Seele diesen Blick erträgt. Drachen erscheinen in Gestalt von Nebel und Wolken.

EIN DRACHENMÄRCHEN

Ein Waisenknabe, der bei einer Waldfrau aufwächst, empfindet eines Tages eine solche Sehnsucht nach dem Rosenmädchen, daß er seine liebevolle Pflegemutter verlassen will.

„Das ist weit, mein Sohn, und wenn du auch dahin gelangen solltest, so wirst du es dennoch schwer haben, denn es wird von einem Drachen bewacht“, sagt die Waldfrau.

Der Knabe will aber unbedingt losziehen. Da gibt sie ihm eine Zauberschelle und sagt: „Wenn du etwas brauchst, so läute mir damit."

Er geht los und trifft nach einiger Zeit einen Bienenschwarm. Er fragt die Bienenmutter, ob sie nicht wisse, wo das Rosenmädchen lebt. Die Bienenmutter schickt alle Bienen aus, und als sie zurückkehren, weiß keine, wo das Rosenmädchen zu finden ist. Aber eine Biene fehlt noch, und endlich kommt auch sie zurück und bringt die erwünschte Botschaft.

Die Biene zeigt nun dem Knaben den Weg. Der Knabe verdingt sich in dem Schloß, wo das Rosenmädchen wohnt, als Gänsehirte. Er sieht das Rosenmädchen jeden Tag. Es ist schön wie Milch und Blut. Als er hört, daß das Rosenmädchen jeden Abend zu einem Ball in die Stadt fährt, schellt er der Waldfrau, seiner zauberischen Pflegemutter, die ihm nun für drei Abende ein kupfernes Pferd und einen kupfernen Mantel, ein silbernes Pferd und einen silbernen Mantel, ein goldenes Pferd und einen goldenen Mantel gibt, so daß er drei Abende lang am Ball teilnehmen kann. Dort spricht er die ganze Zeit mit dem Rosenmädchen. Das hat seine Freude daran. Im Schloß erzählt das Rosenmädchen von dem schönen Jungen und daß er jede Nacht auf seinem Zauberroß davonfliegt. Die Mutter des Rosenmädchens gibt den Rat, den Jungen am letzten Abend zu zeichnen: mit etwas Pech im Haar.

Als das Rosenmädchen schließlich nach dem Ball den Gänsejungen genauer anschaut, sieht sie, daß sein Haar vom Pech etwas verklebt ist. Da freut sie sich und sagt: „Du bist mein Retter." Der Drache schlief noch in einem Faß mit drei Ringen. Als aber der Junge, das Rosenmädchen und die Mutter mit dem kupfernen, dem silbernen und dem goldenen Roß fliehen, springen die drei Ringe um das Faß herum auf, und der Drache erwacht. Er holt die Fliehenden ein und bannt sie. Dann lacht er und sagt: „So wirst du das Rosenmädchen niemals bekommen. Du könntest das nur vollbringen, wenn du ein Roß von meiner Mutter hättest. Das wird dir aber nicht gelingen." Daraufhin geht der Junge die Drachenmutter suchen. Im Wald hilft er drei Tieren aus der Not, der Rabe gibt ihm drei Federn, falls er einmal in Not kommen sollte, der Fuchs gibt ihm drei Haare, der Fisch gibt ihm drei Schuppen. Dann findet er das Häuschen der Drachenmutter. Er fragt sie, ob sie ihn in Dienst nehmen will.

„Es sei", sagt sie in der Art der Hexen. „Bringst du mir aber einmal abends die Stute nicht heim, so ist es um dein Leben geschehen."

Die Hexe aber hatte schon viele in den Dienst genommen und umgebracht. Am nächsten Tag geht der Junge mit der Stute und den drei Füllen auf die Weide. Noch ehe er sich versieht, sind sie alle weg. Allein könnte er sie nicht wiederfinden, also reibt er die drei Federn, und der Rabe kommt und sagt: „Die Stute ist in den Wolken." So kann er sie finden und gerade noch rechtzeitig nach Hause treiben. Am nächsten Tag hilft ihm der Fuchs, der sie in der Berghöhle findet, und schließlich hilft ihm der Fisch, weil sie auf den Meeresgrund geflüchtet ist. Die alte Drachenmutter reibt sich die Augen und wundert sich: So einer war noch nicht bei mir. Tatsächlich verläuft das ganze Jahr nun ereignislos. Die Alte und der Junge kommen gut miteinander aus, und am Ende des Jahres bekommt er zum Dank ein Fohlen. Er nimmt das schwächste, und wieder wundert sich die Drachenmutter, woher er weiß, daß dies das richtige ist, und tatsächlich besiegt das Pferd den Drachen, und der Junge und das Rosenmädchen finden zueinander.

In diesem Märchen sind viele wichtige Hinweise auf die Funktion von mythischen Drachen:

– Der Junge wächst bei einer Waldfrau auf, das heißt, von klein auf wird er mit magischen Gesetzen vertraut gemacht.

– Die Zahl drei spielt eine große Rolle: Es sind drei Mütter, die die Macht repräsentieren, die Waldfrau, die Mutter des Rosenmädchens und die Mutter des Drachens. Das deutet auf eine mutterrechtliche Situation. Es gibt keine Väter in diesem Märchen. Der Junge bekommt drei mal drei magische Gegenstände von Tieren. Drei Tage lang prüft ihn die Alte, dreimal verschwinden die Stute und ihre drei Jungen. Sie beschreiben wiederum die Triade der Mondgöttin: die Luft/den Himmel als die göttliche Ebene, die Erde/Berghöhle als die irdische Ebene und die Meerestiefe als die Unterwelt. Drei ist die alte Prüfungszahl im Märchen. Was dreimal erfüllt ist, ist endgültig.

– Der Junge bekommt nicht einfach die Frau, die er will. Er kann sie auch nicht „erobern". Er muß Prüfungen standhalten, die er deshalb gut besteht, weil er von seiner naturverbundenen Waldfrau gut vorbereitet wurde. Das Schwächste ist am Ende das Stärkste.

– Die Schelle als magisches Mittel, Ahnengeister, Götter und magische Wesen zu rufen, hilft ihm, schier unlösbare

Aufgaben zu erfüllen.

In diesem Märchen kommt alles Wissen und alle Hilfe von den Müttern und ihren Überlieferungen. Auch die Tiermütter sind ja Helferinnen beim Initiationsprozeß. Erst als der Junge durch alle drei Ebenen gegangen ist, kann der Drache, „besiegt“ durch das Pferd seiner Mutter – gewissermaßen davon überzeugt, daß dieser Mann alle mythischen Gesetze erfüllt –, das Rosenmädchen übergeben. Vorher beschützt er sie vor den falschen Helden.

Der Drache ist Schatzhüter, auch Hüter der Unschuld des Rosenmädchens. Er beschützt sie, bis die Zeit und die Umstände richtig sind. Und viele andere sind ja bei der Drachenmutter bereits gestorben, weil sie die Prüfungen nicht erfüllt haben.

Die Symbole, die in diesem Märchen auftauchen:

– Die Schelle, mit der Wesen der anderen Welt gerufen werden können.

– Die Bienenmutter, die die matriarchale Ordnung darstellt.

– Das Rosenmädchen ist schön wie MILCH und BLUT, zusammen mit dem HONIG der Bienen sind dies die drei heiligen Substanzen der mutterrechtlichen Kulturen.

– Die Rose als Symbol für Blut, Liebe und Fruchtbarkeit und vor allem Sinnlichkeit (vorchristlich). In der christlichen Mystik symbolisiert die Rose bezeichnenderweise auch die Schale, die das Blut auffängt.

– Die Gänse, der Fuchs und der Rabe als Wissensvermittler und kluge Tiere, die helfen, wenn ein Mensch ihre Sprache versteht.

– Der Fisch und der Meeresgrund als Symbol der Tiefe und der Intuition. Der Junge muß tief eintauchen, weit hinuntergleiten. Er kann nichts erzwingen, sondern muß sich sinken lassen.

– Kupfer, Silber und Gold als Symbole für Erde, Wasser und Himmel oder auch Kommunikation, Reinigung und Erleuchtung.

– Der Drache als Hüter der erwachenden Sexualität der Prinzessin, der ihre Reinheit bewacht und den Falschen zurückschlägt.

– Er dient der Drachenmutter ein Jahr, und so lange dauerte es, bis ein Initiand/eine Initiandin in einen magischen Kreis aufgenommen werden konnte.

QUELLEN

Hedwig von Beit: *Symbolik des Märchens.*
Gegensatz und Erneuerung im Märchen.
Registerband.
Herders Lexikon der Symbole.
Gottfried Henßen: *Die Güldene Kette.*
Hans Egli: *Das Schlangensymbol.*
Jakob Grimm: *Deutsche Mythologie, I/II/III.*

DER KESSEL

Der Kessel ist der Ur-Grund allen Lebens. Aus ihm kommt alles, und in ihn geht alles zurück. Er steht am Ende aller Zeiten oder in der Unterwelt. Er ist tief und dunkel. Hexen kochen darin ihre Suppen, Göttinnen kochen darin Menschen und Tiere. Im Kessel findet die magische Verwandlung statt. Im Kessel wird verbrannt und neu zusammengesetzt, zerstückelt und wieder lebendig gemacht. Manchmal ist der Kessel mit Pech gefüllt, und der Initiand/die Initiandin muß ins tiefschwarze Dunkel, um sich zu erneuern. Manchmal schwimmen Arme und Beine darin. Kochendes Wasser und Schlangen finden wir im Kessel, ebenso Kröten, Frösche, Krebse, kleine Kinder. Die alte Hexe, bei der Zwerg Nase all sein zauberisches Koch-Wissen lernt, gibt ihm zuallererst eine Suppe aus einem Topf zu essen, die ihn verwandelt. Die Suppe schmeckt seltsam und wunderbar zugleich. Der kleine Jakob ekelt sich und kann doch nicht aufhören zu essen.

Aus dem Kessel kommt Blutgeruch. Er riecht nach Hölle, aber auch nach Paradies. Viele Prüflinge im Märchen müssen im Kessel rühren, dürfen nichts anbrennen lassen, müssen das Feuer unter dem Kessel schüren.

Der Kessel ist der Bauch. Die keltische, dreifache Mondgöttin Cerridwen besitzt einen Kessel, in dem sie kostbare magische Substanz kocht. Von dem keltischen Zauberer Taliesin heißt es, daß er aus diesem Kessel der Göttin ein paar Tropfen magischen Elixiers nehmen durfte und damit seine Zauberkünste erwarb. Cerridwen wird oft mit einer Sense dargestellt und symbolisiert so die Göttin, die Leben und Tod gibt. Cerridwens Kessel, der Bauch mit dem kostbaren Blut, erscheint durch alle Zeiten in Mythen und Märchen. Während in den frühen Mythen der Kessel Fruchtbarkeit und Leben gibt, verändert sich die Bedeutung mit Beginn des Patriarchats.

In den Schamanenerzählungen der Eskimos muß ein Anwärter auf die magische Kraft einem Tanz der Frau Mond zuschauen. Wenn er dabei lacht, ist sein Leben verwirkt. Er hat große Mühe, nicht zu lachen, denn Frau Mond kommt mit einem Kessel, dreht ihn rundherum und rundherum und nimmt dann ein sichelförmiges Weibermesser und tanzt. Als sie sich dreht, sieht er, daß ihr Rücken hohl ist, und er läuft davon, um nicht zu lachen. Das Reich der Sedna (Eskimo-Urmutter) ist in der Tiefe der Meere, und man gelangt zu ihr über einen Abgrund, in dem sich ein Rad schlüpfrig und gefährlich immerwährend dreht neben einem Kessel mit kochenden Seehunden, die den Menschen als spirituelle Nahrung zubereitet werden. Auch im „Töpfchen koch"-Märchen ist der Topf die wunderbare Nahrungsquelle einer Göttin, aber nicht die Mutter, sondern die Tochter weiß den Topf richtig zu behandeln.

Im Märchen „König Drosselbart" wird sehr genau beschrieben, wie die Kraft des Kessels/Bauchs der Frau gebrochen wird. Am Anfang des Märchens ist die Prinzessin noch ganz auf der Höhe ihrer Lust: Sie verspottet alle Freier, will nicht heiraten und bringt zu jedem Mann, der ihr vorgestellt wird, einen Einwand. Offenbar ist sie noch in der Position, einen Mann nehmen/wählen zu können. Doch schon ist der Vater stark genug (von der Königin ist bezeichnenderweise nicht mehr die Rede, die wurde bereits entmachtet), die Tochter an die Leine zu legen: Wenn du jetzt diesen letzten Bewerber, den König Drosselbart nämlich, nicht nimmst, wirst du dem nächsten Bettler angetraut. Der verkleidete König Drosselbart (der neue Held einer neuen Zeit) kommt als Bettler, um die Prinzessin zu brechen und in Besitz zu nehmen. Er will sie unbedingt haben, aber zu seinen Bedingungen. Er zwingt sie zur Hausarbeit, sie muß Körbe flechten und die gröbste Arbeit tun, während er den ganzen Tag fort ist. Obwohl sie sich größte Mühe gibt, beschimpft er sie und macht sie jeden Abend fertig. Als er sieht, daß sie fast gebrochen ist, läßt er sie ausgerechnet irdene Töpfe auf dem Markt verkaufen. Das Symbol des Bauches und der Nahrung wird nun von der Prinzessin zu Markte getragen. Sie kommt gut zurecht, wird von den anderen Marktfrauen gern gesehen, und just in dem Moment, als ihr das Leben wieder Spaß macht, kommt König Drosselbart auf einem Pferd daher und zertrümmert alle ihre Töpfe. Symbolisch heißt das: Er bricht ihren Willen, er nimmt ihre Fruchtbarkeit, ihren Bauch in Besitz. Nicht genug der Demütigung, läßt er sie auf sein Schloß gehen, um dort Essensreste von dem bevorstehenden Hochzeitsfest zu holen. Als sie ihr Töpfchen mit Nahrung gefüllt hat (der Topf wird immer kleiner!), stürmt er, festlich gekleidet in den Saal, wirft sie um, so daß das Töpfchen zu Boden fällt und zerbricht und das ganze Essen herausläuft, und als sie gebrochen und verzweifelt die Scherben zusammenklaubt, gibt er sich großartig zu erkennen und bietet ihr eine festliche Hochzeit mit ihm als König an.

An diesem Märchen können wir deutlicher als sonst irgendwo die Machtergreifung durch das Patriarchat studieren. Die Frau wird gebrochen, ihrer Lebenskraft beraubt, in Besitz genommen und muß fortan gezähmt, domestiziert, auf ein Objekt reduziert leben.

Zu dieser Ideologie paßt, daß der Kessel des Lebens zum Kessel des Teufels wird, in dem er die armen Seelen kocht. Die Ur-Mutter von Leben und Tod wird zur gräßlichen Hexe, die in ihrem Kessel kleine Kinder, Kröten und Giftschlangen kocht oder gar Zaubertränke braut, mit denen die Männer versteinert oder verzaubert werden. Bei Shakespeare taucht der Kessel als Machtinstrument der drei Hexen, der Wyrd-Schwestern, auf, die etwa den drei Nornen entsprechen. Damit liegt er auf der Linie der alten Mythen, wie den ägyptischen oder den nordischen: In drei Kesseln kochte das Weise Blut, mit dem alle Formen der Wesen erschaffen wurden. Odin trank von dem Blut und verwandelte sich in einen Vogel. In fast allen Mythen gibt es einen Zauberkessel, aus dem entweder Leben kommt oder Tod. Bei den Hethitern existiert das Bild einer Mutter Tod mit dem Kessel. In allen alten Tempeln und Kultanlagen dieser Erde gibt es Schalen, Schalensteine und Gefäße, die das heilige Blut enthalten sollen. Männliche Priester opferten in Ermangelung eigenen Menstruationsbluts ihren „kostbaren Lebenssaft" in Schalen, um der Göttin zu gefallen. In Malta gibt es in jedem Tempel Steine mit Schalen und Reste roter Bemalung.

In dem Maß, wie der weibliche Bauch mit dem Menstruationsblut zur Obszönität, zum Tabu erklärt wurde, wuchsen neue Mythen, die das Blut in ätherische Höhen hoben, damit es von Männern ertragen werden konnte. (Ich kenne viele starke Männer, die beim Anblick von Blut in Ohnmacht fallen.)

Aus dem blutenden Bauch, Mittelpunkt allen Lebens, wurde der heilige Gral, Zentrum spiritueller Erhebung und Erleuchtung. Der Gral war fern und wohltuend irreal, man konnte ewig nach ihm suchen und mußte ihm nicht mit allen Sinnen gegenüberstehen und seinen Inhalt riechen. Heldentaten konnten für die Suche des Grals vollbracht werden, und er gab Anlaß zu Männergemeinschaften, in denen die Frauen nur noch ferne Sehnsucht oder Kampfobjekte sein mußten. Endlich hatte man aufgeräumt mit der stinkenden, menstruierenden Frau, die überall ihre Ausdünstung, diesen Geruch von Macht, verbreitete.

Das Menstruationsblut, wie gesagt, wurde durch Opferblut ersetzt. Die Schalen wurden mit dem Blut erlegter Feinde oder Tiere gefüllt. Die Zeit blutiger Schlachten begann. Da das Volk noch den Kessel der Göttin in Erinnerung hatte, in dem ihr mächtiges Blut kochte, sah sich die neuerstehende Kirche vor einem Problem: Was sollte sie den Menschen als Ersatz anbieten? Ein Kelch wurde bereitgestellt: Darin war das Blut des neuen Helden Jesus. Das sollten die Menschen nun verehren. Er war für sie gestorben, und nun sollten sie sein Blut verehren, das er angeblich für sie vergossen hatte.

Aber, wie wir wissen, die Verwandlung vom Kessel zum Gral zum Kelch war nicht sehr populär. Die Menschen im Volk beteten weiter zur Göttin und ihrem Kessel. Im Mittelalter, als sich die Kirche genügend etabliert hatte und reich genug war, um auch unpopuläre Maßnahmen durchzuführen, wurde den Anhängern der Göttinnen der Prozeß gemacht. Die „Gestapo Gottes", wie Barbara Walker die Inquisition nennt, folterte und mordete über zweihundert Jahre lang und eliminierte alle Reste der alten Religion aus den Mythen- und Geschichtsbüchern, vor allem aber aus dem Denken und Fühlen der überlebenden Menschen. Interessant ist, daß gerade die Kirche mit ihren Anklagen eine wichtige Assoziation noch mal deutlich machte:

In engem Zusammenhang standen die Alte und ihr stets kochender, schäumender Kessel, der nicht zu kontrollieren war, die weibliche Sexualität, die verschlingende Vulva, das unreine Blut, die lüsterne wilde Frau, die Männer impotent macht. Die häßliche Hexe in Verbindung mit Kröten, Schlangen und Drachen.

In dem Märchen „Das Zauberroß" wird eine Meerfrau von einem zauberkundigen Jungen aufs Schloß des Königs gebracht, wo sie den König heiraten soll. Sie läßt im Schloßhof einen großen, schwarzen Kessel aufstellen und ihn mit Stutenmilch füllen, sodann wird Feuer gemacht, bis die Milch schäumt. Der Junge und der König müssen darin baden. Dabei haben sie die Möglichkeit, zu verbrennen oder, durch die magische Kraft des Zauberrosses gereinigt, aus dem Kessel zu steigen, um schließlich als höhere Wesen wiedergeboren zu werden. Die Meerfrau aber wird unterworfen, das Reich des Königs festigt sich, und er nimmt die Meerfrau und ihre drei Zauberstuten in seinen Dienst.

Auch in diesem Märchen zeigt sich die Unterwerfung der Göttin unter den patriarchalen Machtanspruch.

QUELLEN

Hedwig von Beit: *Symbolik des Märchens.*
Gegensatz und Erneuerung im Märchen.
Registerband.
Barbara Walker: *Die Weise Alte.*
The Women's Encyclopedia of Myths and Secrets.
Gottfried Henßen: *Die Güldene Kette.*
Vollmers Mythologie-Lexikon.
Robert Graves: *Die weiße Göttin.*
Soldan/Heppe: *Hexenprozesse I u. II.*
Jules Michelet: *Die Hexe.*

DAS BLUT

Vor den Menstruationstabus waren die Menstruationsfeste. Es gibt heute kaum noch Überlieferungen von solchen Festen, aber eine aufschlußreiche Erzählung habe ich gefunden, die ich an den Anfang dieses Kapitels stellen will. Sie berichtet über ein Menstruationsfest bei den Makonde-Frauen in Ostafrika:

„Festplatz ist der freie Raum zwischen den vier oder fünf Hütten des kleinen Weilers selbst. Beginn der Handlung etwa acht Uhr morgens. Alte Frauen sind damit beschäftigt, den Festplatz mittels improvisierter Besen zu säubern, die Festjungfrauen hokken im Schatten eines der Häuser dicht an die Wand gedrückt auf der Erde. Sie halten sich mit den Händen Augen und Schläfen zu und starren durch die Finger unverwandt zu Boden. Plötzlich läuft ein halbes Dutzend Weiber mit lautem Trillern und sonstigen Freudenbezeugungen über den Platz hin und zurück. Das wiederholt sich vier oder fünf Mal. Dann singen die Frauen: Anamanduta nwanangu nwanangwe (es geht weg, es geht weg, mein liebes Kind), indem sie singend und händeklatschend den Platz drei Mal hin und zurück überqueren.

Diesem Lied folgt gleich ein zweites Lied von denselben Frauen in derselben Weise vorgetragen: Namahihio atjikuta kumaweru. (Die Eule schreit im Busch.) Diesem Lied folgt eine merkwürdige Zeremonie: Frauen, anscheinend die Lehrerinnen der Novizinnen, schmücken deren Köpfe mit Hirsebüscheln. Danach tritt die ganze Gesellschaft von Frauen in einer Reihe hintereinander an. Jede Frau legt die Hände auf die Schultern des ‚Vordermannes', und alle beginnen die Mittelpartie des Körpers kreisförmig zu bewegen. Dazu ertönt das Lied: Chihakatu Cha ruliwile nande kuhuma nchere. (Die Korbschale wird aus dem Haus getragen.)

Die Frauen bringen nun von allen Seiten Geschenke herbei. Hirse, Mhogo und dergleichen. Ein Ei wird zerschlagen und das Gelbe den Novizinnen auf die Stirn geschmiert. Dann wird ein Ei mit Rizinusöl gemischt und den Mädchen auf Brust und Rükken gesalbt. Das ist das Zeichen der Reife und des beendeten Unyago. Dann werden die Festjungfrauen mit neuem Zeug geschmückt und bekleidet. An einer Stelle ist Medizin vergraben. Diese Stelle ist durch einen Stock gekennzeichnet. Die Medizin sind Wurzeln. An einer anderen Stelle ist ein Kessel mit Wasser vergraben, das hat man schon vor zwei Monaten besorgt.

Der weitere Fortgang des Festes kündigt sich durch das gewohnte Trillern an, jene für Ostafrika so charakteristische Freudenbezeugung der Frauen, die man bei allen festlichen Gelegenheiten zu hören bekommt. Zum Triller gehört unweigerlich das rhythmische Händeklatschen. Unter fortwährendem Trillern und Händeklatschen wird ein weiteres Lied gesungen: Kanöle wahuma kwetu likundasi kugeidya ingombo. (Seht euch mal das Mädchen an, sie hat die Perlenschnur geliehen und kann noch nicht damit umgehen.) Diesem Lied folgt bald ein anderes: Ignole yangala mene mtuleke weletu tuwakuhiyo loka. (Ihr, die ihr bei der Unyago zusammen seid, freut euch, feiert. Wir, die wir zu euch gekommen sind, wir wollen nicht mitspielen, bloß zuschauen.) Dann folgt eine lange Pause, an deren Ende die Frauen sich wieder in einer Reihe rechts herum einordnen, zwischen sie eingeschoben stehen die Festjungfrauen. Diese sind jetzt ganz und gar vermummt, mit grellbunten neuen Kattunstoffen über Kopf und Oberkörper gleichen sie wandelnden Kleiderbündeln. In langsamem Rhythmus und zum Takt der Trommeln singen sie ihr Lied, während sie in die Mitte des Festplatzes vorrücken. Dazu bewegen alle ihre Mittelpartien wieder in lebhaften Kreisbögen. Dann löst sich langsam der Kreis, die älteste der Frauen stellt sich in die Mitte, und vor sie treten nach der Reihe alle Novizinnen. Auf ihnen liegt es jetzt, vor der gestrengen Alten zu zeigen, was sie in der langen Einsamkeit des Unyago-Unterrichts gelernt haben: Es ist eine Parallele zu dem geschilderten Frauentriller, nur daß anstelle der Zunge sich jetzt die Gesäßpartie in schneller, zitternder Bewegung hin und herbewegt. Wieder löst sich alles auf. Dann, in schnellem Lauf, doch in kurzen Trippelschritten huscht ein Kleiderbündel in die Mitte. Es ist eine Frau. Groß und weiß ragt das Pelele, der Lippenschmuck aus dem braunen Gesicht. Sie leitet den Tanz des ganzen Dorfes ein.“ (Dr. B. Schidlof, Berlin 1925.)

„Unyago“ ist die Zeit der Unterweisung in die Geheimnisse der Frauen. Diese Zeit des Lernens und Wachsens gibt es auch heute noch in einigen Stämmen, zum Beispiel bei den Agni (Ghana/

Elfenbeinküste), wo die Mädchen zur ersten Menstruation in die Kräuterheilkunde eingewiesen werden, acht Monate bei den Medizinfrauen verbringen und dann, mit Asche eingerieben, ihren Initiationstanz mit ihren Lehrerinnen tanzen. Es gibt zwischen diesen Pubertätstänzen der jungen Frauen in Afrika und Weiberfaschingstänzen verblüffende Parallelen.

Bei ausgesprochenen Frauenfesten, beschreibt H. P. Duerr in „Traumzeit", haben die Frauen sich die Hauben vom Kopf gerissen und mit gelösten Haaren halbnackt getanzt. Bei österreichischen Faschingsfesten gab es wilde Wipp- und Trippelbewegungen der Frauen mit entblößtem Unterleib, mit Gerstenhieben feuerten sich die Frauen gegenseitig an und halfen wohl den jungen Nachzüglerinnen mit dem Finger nach. In Bulgarien endeten solche (oft Hebammen-)Feste mit einem gemeinsamen Beischlafen der Frauen. Im Forno di Canale, oberhalb von Belluno, gibt es bei der Weiberfasnacht den Brauch des Schellenlaufens oder Glöckelgehens. Erinnern wir uns an die Schelle als magisches Mittel, die Ahninnen oder die weisen Frauen zu rufen.

Auch die katholische Kirche gibt uns zwei interessante Hinweise auf das mächtige Frauenblut: Wenn sie von der unbefleckten Empfängnis spricht, meint sie nicht den Samen des Mannes, sondern die reine Maria, die nicht mit dem unaussprechlichen Blut befleckt ist. In Osteuropa gibt es heute noch den Brauch, die erste Menstruation einer jungen Frau der Nachbarschaft kundzutun, indem das befleckte Bettuch aus dem Fenster gehängt wird.

Eine andere wichtige Assoziation sind die Feuerzungen zu Pfingsten: Feuertropfen oder Feuerzungen seien vom Himmel gefallen und hätten alle Menschen in Trance versetzt. Tatsächlich gibt es heidnische Bräuche, bei denen Menstruationsblut als Trance-, Heil- und Zaubermittel eingesetzt wird.

> „Wurde der Hexe Teilnahme am imaginierten oder tatsächlichen Fest kund, durch Denunziation oder dadurch, daß ihr Name von einer Leidensgenossin auf der Folter erpreßt wurde oder daß sie selber sagte, sie sei dort gewesen, sie büßte es mit dem Feuertod. Das Feuer aber soll schon vorher in ihr geflammt haben. Über ihm kochte und brodelte ihr Kessel. Sie bewachte es und hütete es." (Duerr, „Traumzeit".)

Die Erzeugung der Hitze im Körper ist ein Mittel der Vorbereitung zur Ekstase. Auch die Magische Kraft wird als Hitze gedacht. Die Hitze ist aber auch eine Eigenschaft des Unteren, zum Übel gewordenen und gemachten, der Hölle. Das Paradies ist heiter und frisch, die Hölle heiß und stickig. Salz erhöht die innere Hitze. Hat man genügend innere Hitze, so wird man gegen die äußere immun, kann über glühende Kohlen gehen.

„Als die Hüterin des Feuers erscheint die Frau, ihr ist das untere Feuer, das Erdfeuer und verschieden vom Feuer, das vom Himmel fällt, dem Blitz, dem männlichen Feuer, das herausgebohrt werden kann aus dem Holz. Auch die in der Sexualität aufflammende Libido, das innere Feuer, das zum Orgasmus führt und im Orgasmus der Ekstase seine höhere Entsprechung findet, ist in dieser Hinsicht ein im weiblichen ruhendes Feuer, das vom männlichen nur in Bewegung gesetzt wird... Das Zeichen der weiblichen Brunst, die Blutspur, der der Mann nicht schnüffelnd mehr folgt, ist die Menstruation. Rot ist die Farbe von Feuer und Blut. Junge Hexen haben rote Haare, und lichterloh brennen sie in den roten Flammen der Scheiterhaufen." (Annemarie Droß, „Die erste Walpurgisnacht".)

Wir kennen Darstellungen von Göttinnen, die durch das Entblößen ihrer Vulva und den ausströmenden Geruch ihres Blutes Männer zu Tode erschrecken und in die Flucht schlagen. Diese Geste deckt sich wieder mit den obszönen Frauentänzen.

In dem (wirklich blöden) Buch von Georges Devereux, „Die mythische Vulva", das besser „Mystifikation des Penis" geheißen hätte, steht ein einziger, dafür aber sehr interessanter Hinweis auf die Bedeutung von Menstruation, die im übrigen sonst ausgerechnet beim Thema Vulva nicht vorkommt:

„In Zentralaustralien behandelt der subinzisierte Erwachsene seine offene (gespaltene) Harnröhre, als ob sie eine Vagina wäre. Bei bestimmten Riten bringt er sie zum Bluten und imitiert so die Menstruation der Frau."

Seltsam, daß Deveraux als Psychoanalytiker dabei den Zusammenhang zum Menstruationsneid nicht erkannt hat.

In diesem Buch fällt ebenso auf wie in anderen scheinbar so frei über weibliche Sexualität und ihr Tabu referierenden Büchern, beispielsweise von Duerr, Golowin oder auch Mühlmann („Die Metamorphose der Frau", ansonsten ein sehr empfehlenswertes Buch) oder Hans Egli („Das Schlangen-Symbol"), daß Menstruation weitgehend ausgespart bleibt oder so klinisch und distanziert wie möglich behandelt wird. Während hemmungslos über jede mögliche Form des Koitus zwischen Mensch und Tier, Mensch und Gott, Gott und Göttin berichtet wird, bleibt das peinliche Blut draußen, wo es hingehört. Denn die Angst vor der blutenden Frau sitzt tief und wird durch den kleinsten Hinweis darauf erneuert.

Diese Menstruationsangst der Männer hat bewirkt, daß blutende Frauen im Lauf der Geschichte immer mehr isoliert und ausgeschlossen wurden. Waren früher Menstruationshäuser Orte der Kraft, in denen Frauen gemeinsam Feste und Rituale feierten, so wurden sie mit der Zeit zu Gefängnissen.

In Südamerika muß die menstruierende Frau bei vielen Indianerstämmen in eine enge Hütte ziehen, muß sich über bestimmte Blätter hocken und ihr Blut dort auspressen. Diese Blätter werden später verbrannt und an einem vom Dorf entfernten Ort vergraben. Mana, eine gefährliche Macht, strahle die Frau aus, wenn sie blute, heißt es in Indonesien.

Diese besondere Kraft des Blutes, die einst Machtmittel der Frauen-Gesellschaften war, wird heute zu Recht gefürchtet. Denn wenn es nicht gelungen wäre, diese enorme Kraft in etwas Negatives zu verkehren, in Schmerzen, Depressionen, Übellaunigkeit, in Kauf- und Klauzwang und Verzweiflungsanfälle zu kanalisieren, so würden die Frauen diese Kraft auch heute noch ausüben und wären nicht so domestiziert und männlicher Zerstörungswut gegenüber gelähmt.

Der viel geschmähte und verspottete Putzzwang während oder vor der Menstruation hat eine uralte mythische Bedeutung. In Afrika gibt es den Brauch noch heute, daß durch Fegen und Putzen die Dämonen verscheucht werden. Während der Menstruation tritt die Frau in eine besonders empfindliche Phase, sie ist in dieser Zeit angreifbar, verletzlich, verwundbar, um so mehr, als sie nicht mehr Gebieterin eigener Macht ist, sondern in ihrem Verhältnis zu ihrem Blut gebrochen wurde. Daraus entsteht oft das Bedürfnis, die innere Zerrissenheit, das Chaos, die Schmerzen, die Aggressionen und die Angst in Putzen umzusetzen. Also die Außenwelt von schädlichen Einflüssen zu reinigen, um innerlich zur Ruhe zu kommen.

Wie wir in dem Bericht aus Afrika lesen konnten, gibt es auch dort zu Beginn des Menstruationsfestes den Brauch, daß die ALTEN FRAUEN, also die Erfahrenen, die mit Dämonen umgehen können, den Zeremonienplatz fegen.

Einen Hinweis auf die Macht von Frauen, insbesondere menstruierenden Frauen geben all die Felsmalereien der Steinzeit in Frankreich, Spanien, in den Dolomiten und auch im Tassili-Gebirge Algeriens oder im Air-Gebirge im Niger: Stets wird mit roter Farbe gemalt. Es gibt viele Darstellungen von roten Händen (blutige Hände) und noch mehr Darstellungen von Vaginas aller Art mit roter Farbe gemalt. Das weibliche Geschlecht und weibliche Kultfiguren stehen im Mittelpunkt der gesamten Frühgeschichte der Welt. Marija Gimbutas beschreibt in ihrem Buch „The Goddesses and Gods of Old Europe“ die vielen Variationen von Gefäßen, vulvischen Schalen und Kesseln, Göttinnenfiguren, weiblichen Idolfiguren, die Fruchtbarkeit, Blut und Geburt zum Thema haben, aber auch Macht.

Die rote Farbe spielt in der frühen Geschichte eine unübersehbare Rolle und hat bis in die heutige Zeit ihre Bedeutung als Farbe des Lebens behalten. Mit Blut werden Verträge besiegelt, so wie früher das weibliche Blut das einzig Verläßliche und Sichere im Leben der Clans war, das regelmäßig wie der Mond kam und ging.

Blutsbrüderschaften wurden geschlossen, nachdem die Frauen die Bluts-Schwesterschaft jahrtausendelang vorgelebt hatten.

In der tantrischen Lehre ist der Beischlaf eines Mannes mit einer menstruierenden Frau das Kostbarste, was einem Mann angeboten werden kann: denn dann erfährt er die Substanz des Weiblichen überhaupt, werden ihm die Augen geöffnet über die weibliche Kraft.

Blut ist unsere Spur. Wenn wir diesem roten Faden ins Labyrinth folgen, begegnen wir unweigerlich unserer Macht.

Tuaregfrauen im algerischen Tassili-Gebirge, bei denen ich einige Zeit verbrachte, zeigten mir, wie sie menstruieren, ohne Binden oder Watte zu benutzen. Sie leben so abseits jeder Versorgung, daß der Aufwand an sanitären Mitteln, den wir treiben, für sie allein schon organisatorisch gar nicht durchführbar ist. Zu Beginn der Menstruation sondern sie sich von der übrigen Familie ab und hocken sich über ein Loch, das sie in die Erde graben. Sie lassen den ersten Blutfluß auslaufen und spannen dann die Muskeln an. Während der ganzen Menstruation gibt es Phasen, in denen sie bluten, und Phasen, in denen sie nicht bluten. Sie können das regulieren. Wenn gelegentlich etwas Blut tropft, stellen sie einfach die Beine breit. Sie tragen keine Unterhosen, so daß auch der bei uns übliche leichte Verwesungsgeruch des Blutes auf Watte, Tampon oder Binde nicht entsteht. Jederzeit kann Luft an die Vagina, und sie machen auch gelegentlich scherzhafte Sprünge und Bewegungen, die ihre Vagina auslüften. Mit ihrem Geschlecht gehen sie sehr offen um. Nicht nur streicheln und betasten sie sich (und auch mich) scherzhaft mit einer Mischung aus Sinnlichkeit und Lust-igkeit, sondern veranstalten auch Tänze (immer am Donnerstag abend), bei denen sie sich neue Partner suchen oder alte Partner herausfordern und dabei ihr Geschlecht entblößen, wozu sie laut und satt lachen.

QUELLEN

H. v. Beit: *Symbolik der Märchen.*
Nor Hall: *The Moon and the Virgin.*
Courage Sonderheft, No. 1: *Menstruation.*
Marija Gimbutas: *The Goddesses and Gods of Old Europe.*
Georges Devereux: *Die mythische Vulva.*
Hans Peter Duerr: *Traumzeit.*
Annemarie Droß: *Die erste Walpurgisnacht.*
Anton Dörrer: *Tiroler Fasnacht.*
E. Mühlmann: *Die Metamorphose der Frau.*
Handwörterbuch des deutschen Aberglaubens.

BLUT IM MÄRCHEN

Im Märchen ist noch viel von dem zu finden, was die ursprüngliche Macht des Blutes wohl gewesen ist. Blut ist die wichtigste magische Substanz überhaupt. Blutstropfen vertreten die Hauptperson des Märchens, können für sie sprechen. Blut verrät den Mörder, Blut bannt, Blut erweckt, Blut verzaubert. Durch Blut wird eine Unterirdische zur Erde geholt und heiratet einen Bauern, da er sie aber schlecht behandelt, flieht sie zurück zu ihrer Mutter und Schwester (was mich an die vielen platten Witze erinnert, in denen die Frauen zu ihren Müttern zurückgehen...). Blut macht wieder sehend. Blut heilt Warzen und Wunden, mit Blut werden Geister vertrieben, mit Blut wird auch der Pakt mit dem Teufel besiegelt, was mit Blut geschrieben wird, gilt für alle Ewigkeit. Blut ist der Sitz der Seele, und aus den Schwesternschaften der Menstruation ist die Blutsbrüderschaft entstanden. Im Voodoo-Kult und Fetisch-Zauber werden Amulette erst mit Menstruationsblut richtig wirksam. Sehr oft bezeichnet man die Frauen, die Blut-Amulette herstellen, als Hexen.

Wenn wir uns klarmachen, wie bedeutend das Menstruationsblut für die Frauengemeinschaften der frühen Geschichte war, können wir auch die Märchen besser verstehen:

ASCHENPUTTEL

Ein Mann verliert seine Frau und bleibt mit der Tochter zurück. Er heiratet wieder. Die Frau bringt zwei Töchter in die Ehe. Alle drei Mädchen werden erwachsen. Der Prinz des Landes auch. Er veranstaltet drei Bälle, und Aschenputtel, das nicht offiziell mitgehen darf, holt aus drei Zaubernüssen drei wundervolle Kleider mit Schuhen und Kutschen (Farbe des Meeres – das Unbewußte, Farbe des Himmels – der Flug der Seele und Farbe des Feuers – die Menstruation und Fruchtbarkeit) und fährt heimlich zum Ball. Der Prinz unterhält sich gut mit ihr, und am letzten Abend verliert sie einen Schuh (was in Mythen-Deutungen bei Hedwig von Beit, aber auch im „Handwörterbuch des deutschen Aberglaubens" bedeutet, daß sie ihre Unschuld verliert, weil der Schuh ein Symbol für den Bauch, die Gebärmutter der Frau ist). Der Prinz läßt die Prinzessin suchen. Er kommt schließlich zum Haus von Aschenputtel, aber zwei Töchtern paßt der Schuh nicht, denn „Blut ist im Schuh" (beide Frauen bluten). Nur Aschenputtel nicht, woraus wir schließen können, daß sie bereits schwanger ist.

DORNRÖSCHEN

Eine Frau kann keine Kinder kriegen, will aber unbedingt eins. So kommen ihr Kräfte der Feenwelt zu Hilfe, sie badet in einem Weiher, in dem eine Kröte lebt. (Kröten sind das Symbol für weibliche Fruchtbarkeit, für die Vagina, für das weibliche Geschlecht). Sie wird schwanger mit der Kraft der alten mythischen Welt. Aber das Tauffest soll bereits nach dem neuen Reglement des Patriarchats stattfinden. Da es nur zwölf goldene Teller gibt (und nicht dreizehn silberne wie früher – was heißt: zwölf Sonnenmonate und nicht wie vorher dreizehn Mondmonate) und auf die Feen vorerst nicht verzichtet werden soll, werden zwölf eingeladen, die auch kommen. Die dreizehnte Fee kann diesen Verrat nicht akzeptieren, kommt zur Taufe und sagt, das Mädchen soll sterben. (Was ich als symbolischen Tod der Frau in der patriarchalen Gesellschaft deute.) Die letzte geladene Fee hat noch einen Wunsch frei und wandelt den Tod in einen hundertjährigen Schlaf. (13 ist die Zahl des Todes und der Verwandlung, Tod und Wiedergeburt und damit auch Symbol des Menstruationsblutes, das einen ständigen Prozeß von Leben, Wachsen, Ablösen und Sterben im Körper der Frau auslöst.) Zum 15. Geburtstag soll der Zauber wirken. Witzigerweise behüten die Eltern das Kind fünfzehn Jahre lang, und just am 15. Geburtstag gehen sie aus, was zeigt, wie unausweichlich dieser Zauber ist. Dornröschen geht in den Turm (ein Initiationsplatz für Frauen, wie auch im Märchen Rapunzel. Im Turm steht die Zeit still, und die Frau lebt zwischen den Welten, bis sie weiß, wer sie ist.) Dort sitzt eine uralte Frau und spinnt. (Das Spinnen ist eines der ältesten weiblichen Symbole überhaupt. Die Eigenschaft der Spinne, die ihren Faden spinnt und wieder frißt, gleicht der Frau, die ein Nest in ihrem Bauch erschafft und wieder losläßt. Das Spinnen des roten Fadens: Mit diesem roten Blutsfaden findet die Frau ins Labyrinth ihres weiblichen Körpers.) Dornröschen sticht sich an der Spindel und blutet. Sie fällt in den hundertjährigen Schlaf. (Sie beginnt mit ihrer Menstruation und wird von der Alten in die Geheimnisse des Blutes eingeweiht. Die Alte verkörpert die alte Zeit, das Mutterrecht, in dem Frauen nicht erobert und genommen werden, sondern in dem Männer sich in Frauen und ihre Geheimnisse einfühlen müssen, um sich nähern zu können.) Und so lösen sich die Dornen der Rosen (Symbol für Fruchtbarkeit und Sexualität) in schöne, bunte Blumen auf, als einer kommt, der weiß und versteht, statt mit Schwertern auf die Rosen einzudreschen. (Das Schwert steht hier für die aggressive männliche Sexualität.)

Im Märchen „Die Gänsemagd" gibt die Königin ihrer Tochter, die einen König in einem fernen Land heiraten soll, einen Lappen mit drei Blutstropfen mit. Das Blut verkörpert ihre Macht, und als die Königstochter, weil sie Durst hat und aus der Quelle trinkt, den Lappen verliert, verliert sie auch die Macht der Mutter und ist den Angriffen der eifersüchtigen Magd ausgeliefert. Es bedeutet aber auch: Sie muß erwachsen werden und selbst wissen und sich klarmachen, WER sie ist.

Diese Macht des Blutes im Märchen entspricht dem indischen Kali-Maya-Mythos, in dem es als glücksbringend gilt, Stoff mit dem Menstruationsblut der Göttin zu färben (also rot zu färben). Australische Aborigines bemalen ihre Kultsteine mit roter Erde und nennen es „Menstruationsblut der Frauen". Der Akaziengummi, der aus afrikanischen Wüstenakazien gewonnen wird, wird auch als Klumpen Menstruationsblut bezeichnet und hat eine wichtige Funktion in der Heil-Zauberei. Die Akazie selbst gilt als Frau. Ägyptische Pharaonen mußten das „Blut der Isis", eine Flüssigkeit, die „sa" genannt wurde, trinken, um heilig und mächtig zu werden. Im keltischen England war die rote Farbe zugleich Symbol der königlichen Macht und der Auserwählung durch die Göttin. Ein chinesischer Mythos beschreibt die Göttin Chang-O, die das Menstruationsblut hütet. Der Neid der Männer verärgerte sie derart, daß sie sich auf den Mond zurückzog. Die Männer griffen sie an, weil sie mit dem Blut Tod und Wiedergeburt besaß, während Männer dies nicht hatten. Sie hatte mit dem Menstruationsblut das Wasser des Lebens und des Todes und verbat Männern künftig die Teilnahme an ihren Feiern. So kam es, daß in China die Frauen zu Ehren des Blutes und Chang-O Vollmondfeste allein feierten.

Das Wasser des Lebens und des Todes erscheint sehr oft auch in Märchen: Meist wird der Held auf der Suche nach seiner Liebsten von drei alten Hexen oder einer Drachen-Großmutter oder auch der Muhme (der Ahnin) der Liebsten zur Quelle des Wassers des Lebens und des Todes geleitet. Mit beiden muß er sich benetzen und wird so neu und wissend.

Der Mythos der Göttin Kybele enthält sowohl das Symbol der Höhle als auch die Farbe rot: unschwer als Gebärmutter mit dem Blut zu erkennen. Es gibt eine sehr alte griechische Überlieferung, nach der die Thessalischen Hexen als wirksamstes magisches Gift „Mond-Tropfen" sammelten und zwar zur Mondfinsternis – das war das Menstruationsblut junger Mädchen, die zum erstenmal bluteten. Diese Mond-Tropfen wurden zum strengsten Tabu überhaupt.

Einen Hinweis auf Menstruationsneid bekommen wir außer in den Berichten über Blutsbrüderschaft und Blut-Bemalung durch die Märchen und Sagen über Vampire. Der Vampir saugt dem Opfer Blut aus und erhält so die Lebendigkeit, die Lebenskraft des Opfers. Die gängigen Formen von Vampirismus sind bei uns übliche Beziehungen zwischen Mann und Frau, in denen die Frau ihre ganze Kraft gibt, damit sich der Mann entfalten kann.

In den Mythen steht das Blut für die magische Substanz des Lebens schlechthin, und wer kein eigenes Blut hat, muß es sich dort holen, wo Blut fließt. (Der unappetitliche Witz, den ich hier anbringen will, beschreibt das nicht schlecht: Zwei Vampire treffen sich in einer Bar. Der eine bestellt ein Glas Blut, der andere ein Glas Wasser. Auf die erstaunte Frage des einen, seit wann er Wasser trinke, zieht der andere Vampir einen blutigen Tampon heraus. Da haben wir's: An diese Substanz wollen alle kommen, darum geht's. Blut muß her, egal wie.)

QUELLEN

Pierre Samuel: *Amazonen, Kriegerinnen, Kraftfrauen.*
Barbara Walker: *The Women's Encyclopedia.*
Hedwig von Beit: *Symbolik im Märchen* und *Gegensatz und Erneuerung.*
Kröners Wörterbuch der deutschen Volkskunde.
Handwörterbuch des deutschen Aberglaubens.
Jacob Grimm: *Deutsche Mythologie.*
Lexikon der Mythologie.
Anne Kent Rush: *Mond Mond.*

Grimms Märchen.
Verschiedene Ausgaben von *Womanspirit.*
Verschiedene Ausgaben von *Ciba*-Zeitschrift.

DAS BLUT IM ALLTAG

Nichts hören, nichts sehen, nichts sagen und vor allem nichts riechen, kennzeichnet die Haltung der modernen Gesellschaft zur Menstruation. Die Werbung für Binden und Tampons ist genauso ästhetisch wie die für Klopapier und andere menschliche Unreinheiten. In der Klopapier-Feucht-Kultur, in der das Bad aussieht wie die Küche und von Scheiße nicht die Rede ist, ist der Tampon, die Binde, für die geworben wird, blütenweiß, steril, sauber, keimfrei, zumindest im übertragenen Sinn. Daß die Tampons, die die Umwelt vor der stinkenden, blutenden Frau schützen, eine tödliche Gefahr für die Frauen sein können, zeigten Todesfälle, die durch Bakterien in Tampons verursacht waren.

Die Werbung für Tampons versucht uns zu suggerieren, daß wir UNSICHER sind, wenn wir riechen oder schwitzen, wenn jemand merken könnte, daß wir bluten. Tatsächlich sind wir so konditioniert, daß wir nicht ausgerechnet DAMIT auffallen wollen.

Frauen sollen durch die Menstruation nicht benachteiligt sein. Das ist ein schöner Gedanke, den die Industrie da freundlicherweise an uns verschwendet. Frauen sollen auch keinen Grund haben, zu Hause zu bleiben, weniger gut auszusehen/zu repräsentieren. Frauen sollen nicht sein wie Männer, sie sollen so sein, wie die moderne Industriegesellschaft die funktionale weibliche Arbeitskraft haben will. Die Tendenz geht ohnehin zum Computer. Computer haben keine Migräne, reden nicht viel und schon gar nicht ungefragt, sie schwitzen nicht, sie brauchen keine Klo- und Essenspause, sie menstruieren nicht und haben keine prämenstruellen Spannungen. Computer sind eine saubere Lösung für alle Arbeitsprobleme. Frauen dagegen sind wirklich eine Plage. Kaum haben sie sich von ihrer Menstruation erholt, die sie im besten Fall locker und betont forsch hinter sich bringen („Ich habe überhaupt keine Probleme mit meiner Menstruation... Aber ich bin froh, wenn ich sie nicht mehr kriege!"), haben sie schon den Eisprung, sind übellaunig, aggressiv, ja und dann kommen die prämenstruellen Spannungen, die Putzwut, der Sauberkeitsfimmel, die Unlust, mit einem Mann zu schlafen.

Woran erinnern sich die Frauen nur, wenn sie ihre heftigen Depressionen, Aggressionen, Tränenausbrüche, ihre Melancholie, ihre Unleidlichkeiten kriegen? Was geht in ihrer tiefen Seele vor, wenn sie den Mann von sich stoßen, den sie lieben, wenn sie sich ekeln, sich mit Kakao in eine Betthöhle zurückziehen? Könnte es sein, daß sie sich an andere Zeiten erinnern? So wie die Hunde noch immer das Gras niedertreten, ehe sie sich hinlegen? Könnte es sein, daß die Menstruation noch vage an eine Ur-Erfahrung rührt, die dämmert, wenn der Körper in einen besonderen chemischen Zustand tritt? Und was hat es eigentlich mit der Zirbeldrüse und diesem geheimnisvollen Hormon Melantonin auf sich, das der Körper hauptsächlich in der Nacht zum Träumen und an dunklen Tagen für Depressionen produziert? Bisher weiß man nur, daß dieses Hormon verstärkt produziert wird, wenn die Tage trübe sind. Darauf führt man die schlechte Laune und die Depressionen der Menschen an solchen Tagen zurück.

Klar, daß wir in der Zeit des Sonnenkalenders, in der Verherrlichung des Lichts Probleme mit dem Mond, mit dem Dunkel haben. Könnte es nicht sein, daß wir für dieses Hormon einmal eine andere Verwendung hatten? Daß wir die Nächte geradezu suchten, Nächte, in denen wir das Melantonin zum Träumen lebensnotwendig brauchten, zum Visionieren, zum Spinnen, zum Erinnern.

Frauen, die Migräne haben (sicher gibt es auch Männer mit Migräneanfällen), suchen die Dunkelheit und scheuen das helle Licht. Menschen mit starken medialen und spirituellen Fähigkeiten suchen die Dunkelheit. Höhlen waren Kultorte dieser Kräfte. Höhlen sind die Orte der Menstruationskraft oder Hütten, die das Tageslicht aussperren. Menstruationskraft ist Mondkraft, ist die Kraft der Nacht und der Dunkelheit. Das paßt nicht in die hellen Großraumbüros, die neon-strahlenden Nachtclubs und Großstadtstraßen, nicht in die licht- und reizüberfluteten Fabriken, Kaufhäuser, Supermärkte. Mondkraft, die dunkle, tiefe, paßt nicht in die hell bestrahlten Praxisräume der Frauenärzte, auf den Stuhl, der den Frauen die Würde nimmt.

Da kann schon mal so eine Idee entstehen: Nehmen wir den Frauen doch diese Belästigung, dann erinnern sie sich nicht immer an diese unbestimmten Kräfte und leiden nicht so. Nehmen wir alles aus den Hirnen der Menschen heraus, was sie funktionsunfähig macht. Befreien wir sie doch von diesen sinnlosen Zukkungen, die wie der Schmerz im amputierten Bein durch sie hindurchlaufen.

Die Menstruation ist so überflüssig wie ein Kropf. Weg damit, dann „sind für Sie die Tage wie alle Tage". Oder werft euch zumindest die Pille ein und genießt die kleine Schönheitsblutung, pünktlich, schmerzfrei, regelmäßig. „Denn man braucht auf nichts zu verzichten, was Spaß macht", sagt eine Tampon-Werbung. „Weil sie innerlich getragen werden, sieht und riecht man nichts." Man! Oder möchtest du nichts mehr sehen und nichts mehr riechen? „Je trockener du dich fühlst, um so besser fühlst du dich", meint gar eine englische Binden-Werbung, die einen Mund über Binden-Packungen abdruckt, der einer Vagina nicht unähnlich ist, und vorschlägt, während der Tage, die Lippen rot anzumalen. Und wie fühlt sich ein Fisch auf dem Trockenen? Die einzig vernünftige Frage, die ich bei all den Tampon- und Bindenwerbungen gefunden habe, ist: „Hast du dir je überlegt, wie Männer das aushalten würden, wenn sie ihre Periode hätten?" Die englische Firma Dr. White gibt zu, daß sie es nicht schaffen wird, aus der Periode einen Grund zum Lachen zu machen, aber „we can make it less of a bloody nuisance" (wir können eine weniger „blutige Belästigung daraus machen"). Als ich in diesem Zusammenhang das Wort „bloody" las, mußte ich an „bloody Mary" und die unbefleckte Empfängnis denken. Wir haben dann in einem Marienwallfahrtsort die blutige Maria gefeiert und einen Schluck Heilwasser auf ihr und unser blutiges Wohl getrunken.

Wenn wir uns nicht gerade die Eierstöcke samt Gebärmutter herausoperieren lassen wollen, wie es in den gynäkologischen Kult-Kreisen Mode ist, weil die Frau schließlich zur „Identität als Frau dieselben nicht unbedingt braucht" (während der Gynäkologe zu seiner Identität die Operationen sehr wohl braucht), müssen wir uns noch einmal durch den Kopf gehen lassen, daß die Menstruation/Mondzeit eine besondere Zeit ist, die im Körper allerhand bewirkt. So viel tatsächlich, daß in Computerzentren und in der Pharmaindustrie Frauen, die menstruieren, einen roten Punkt am Kittel tragen und nicht in die Herstellungslabors der Medikamentensubstanz bzw. in die heiligen Hallen der Computerindustrie dürfen.

Wer weiß, was das Drachenblut noch alles kann, außer die klinisch sauberen Binden rot zu färben, außer Frauen in Drachen zu verwandeln?

DRACHENJUNGFRAU, DRACHIN UND DRACHENGROSSMUTTER

Die alte Mondtriade der Göttinnen, nämlich Jungfrau, Mutter, Alte oder Unterwelt, Erde, Himmel ist auch die Triade der Menstruation:

* Die junge Frau (Jungfrau ist gar kein schlechter Begriff, denn er bezeichnet den Zustand der jungen Frau, ohne ein Neutrum aus ihr zu machen, wie das der Begriff Mädchen tut) vor der Menstruation, im weißen Zustand, wie ja auch die jungfräuliche Göttin weiß dargestellt wird.

* Die Frau, die blutet, die fruchtbare Frau in der Fülle ihres Lebens oder auch die Muttergöttin, deren Farbe rot ist.

* Die alte Frau, die nicht mehr blutet, die Göttin der Kreuzwege, die Frau, die alles erlebt hat, alles kennt, alles weiß. Ihre Farbe ist schwarz, und Schwarz tragen im Süden alle alten Frauen.

Die Menstruations-Triade ist, um beim Drachenmythos zu bleiben:

* *Die Drachenjungfrau,* die in die weibliche Kraft noch initiiert werden muß, die noch wild und frei, noch ein Kind ist und trotzdem eine Frau.

* *Die Drachin,* die fruchtbar und furchtbar zugleich ist, in der Blüte ihres Lebens (im Mittelalter heißt Menstruation auch „die Blum", und Frauen, die in Blumengärten dargestellt werden, stehen symbolisch für die blutende, fruchtbare Frau). Die Drachin speit Feuer aus ihren Lippen, und ihr Blut ist mächtig und gefürchtet, aber auch heilsam.

* *Die Drachengroßmutter* ist die Alte, die Jungfrauen und Drachen geboren, erlebt, zurückgelassen hat, sie hütet das Wissen. Sie ist die Wächterin der Geheimnisse, sie kann hindern, blockieren, töten oder durchlassen. An ihr geht auf der Suche nach Drachen oder Schätzen kein Weg vorbei.

Die Triade der Jungfrau, der Drachin und der Drachengroßmutter ist der große Zyklus im Leben einer Frau. Wie sieht nun jede Station dieses Zyklus mythisch, also im übertragenen Sinn, aber auch real im Leben einer Frau aus? Zur Beschreibung ziehe ich Beispiele aus Märchen, Mythen und Legenden heran, die ich in der Quellenangabe am Schluß des Kapitels zugänglich mache.

DIE DRACHENJUNGFRAU

Wenn eines an den Drachenjungfrauen seltsam ist, dann dies: Jeder Mensch hätte Verständnis, daß die Prinzessin, die nun als letzte geopfert werden soll, weil schon alle Jungfrauen im Land vom Drachen weggeputzt wurden, ausbüchst und vielleicht in ein anderes Land geht. Das tut sie aber nicht, sondern sie besteht sogar geradezu darauf, daß für sie keine Ausnahme gemacht wird. Der König will nicht, daß sie geopfert wird, der Prinz wirft sich höchstpersönlich und mutig dem Ungeheuer entgegen, aber die Prinzessin scheint nicht gerade schockiert zu sein. Woran könnte das liegen?

Ahnt sie, daß an diesem aufregenden Tag ihre Initiation zur Drachin stattfindet? Daß sie durch die Höhle der Drachen hindurch muß, um dazuzugehören? Was wäre es für eine Besonderheit, „das" zu haben? Das Drachenblut? Es ist ein kleines Universum, ein Ökosystem für sich. Gut, Männer haben den Penis, dafür haben Frauen die Klitoris. Aber zusätzlich gibt es eben diese in sich geschlossene Welt des Blutes, des Aufbauens und Loslassens, Leben- und Tod-Gebens. Denn daß die Drachenmärchen, in denen Jungfrauen geopfert werden, Initiationsrituale beschreiben, muß uns klarwerden. In afrikanischen Pubertätsriten für Mädchen werden die jungen Frauen von einer Frau mit einer Dämonenmaske angegriffen, der sie standhalten müssen.

Der Zustand der Drachenjungfrau ist der des Lernens, der Einweihung in eine neue reale und mythische Welt. Diese Idee ist unserer Kultur völlig abhandengekommen. Wenn die jungen Frauen zum erstenmal bluten, wird das entweder distanziert aufgenommen oder negativ kommentiert: So, jetzt hast du's also auch. Du Ärmste. Naja, keine kommt drumherum. Menstruation bedeutet in unserer Kultur eigentlich immer: verfügbar und gefährdet. Ab jetzt bist du „geschlechtsreif", und ab jetzt mußt du „aufpassen". So als gäbe es einen Zeitpunkt für Sexualität und Erotik, als lebten kleine Frauen diese Ebene überhaupt nicht. Es scheint, als wäre bei uns die erste Blutung der Anfang von „sich halb fühlen". Ab jetzt erstrebst du, ein Paar zu sein, fühlst dich als Teil eines Paares, auch wenn der andere Teil noch nicht in Sicht ist. In unserer Kultur wirst du durch einen Ehemann, nicht durch Geschlechtsreife zur Frau.

Ich will kurz ins Gedächtnis rufen, was diese Phase im Leben einer Frau sein könnte: die Aufnahme in einen Kreis von Menschen, Frauen nämlich, das Überschreiten der Schwelle, das Erwachsenwerden, das Öffnen der 13. Tür, in dem der Finger, der ins Zimmer gesteckt wird, blutig bleibt.

Dieser Übergang verdient ein wundervolles Fest, das mit der Zeit die ewigen Kommunionen und Konfirmationen verdrängen und üppig ausufern könnte.

DIE DRACHIN

Die Drachin ist die Frau in der Blüte ihres Lebens. Ihre Fruchtbarkeit ist nicht beschränkt aufs Kinderkriegen (auch im vorchristlichen Sinn ist Fruchtbarkeit nicht unbedingt mit Kinderkriegen identisch gewesen, denn es war ja wohl in allen Gemeinschaften ein Problem oder wenigstens eine zentrale Aufgabe, für alle genug Nahrung und gute Lebensbedingungen zu schaffen). Wie also könnten wir uns Fruchtbarkeit sonst noch vorstellen? In Zusammenhang mit schöpferischer Energie vielleicht? Denken wir an die Kunst des Töpferns, Webens, die Architektur und die Feste der frühen Geschichte, da steckt viel Kreativität und Lust drin. Vor allem verglichen mit den Hochhäusern von heute oder mit den Acrylpullis und dem Dosenfutter...

Fruchtbarkeit könnte ich mir vorstellen als lustvolle Lebenskraft, als die Lust, zu gestalten, zu verändern, Träume oder Visionen sichtbar zu machen. Dafür ist in unseren Breiten herzlich wenig Raum und Zeit. Deshalb ist es auch kompliziert, die Drachin auszuleben.

Der Zustand der Drachin ist der der menstruierenden, reifen Frau. Die Feuer speiende (Blut ist symbolisch das feurige Wasser), auch im übertragenen Sinn: die zornige, aggressive oder einfach nur energiegeladene Frau. Sie lebt in einer Höhle, ist bei sich, mit sich eins, in ihre Zeit verwoben. Viele Frauen ziehen sich während der Menstruation, in der Zeit der Erinnerung, in ihre Höhle zurück. Warm, dunkel, geschützt, unansprechbar. Schwefel auf der Haut, den gefährlichen gelben Blick in den Augen, das ungeduldige Zucken des Drachenleibs bei Belästigung. Ich kann mir gut vorstellen, daß dann alles, was noch fehlt, so ein Bürschchen ist, das gerade in diesem Moment einen Drachenkampf braucht. Der sein Schwert gern irgendwo hineinstoßen möchte, damit er an das Blut herankommt!

Wie angenehm dagegen das Abheben, das Fliegen ans Ende der Zeit und über das Ende der Erde hinaus zu den Inseln der Erinnerung.

Oft, wenn das Feuer außer Kontrolle gerät, gibt es Verletzungen in der näheren Umgebung. Die Familie zieht sich zurück, das Feuer der Wut, der Depression, der Verzweiflung und des Schmerzes lodert.

Drachen sollte man sich nicht ohne besondere Einfühlung nähern, denn sie widerstehen den gesellschaftlichen Umgangsformen. Die Drachenzeit, die Menstruation ist das letzte Überbleibsel der nicht domestizierten Frau. Eigentlich sollte jede Frau, die auf die eine oder andere Weise an ihrer Menstruation leidet, froh sein, daß es noch sichtbare, spürbare Signale gibt, die an ihre alte Kraft anknüpfen können. Und dann, wichtiger als alles andere, müssen wir lernen, mit dieser Kraft umzugehen, zu arbeiten und sie zu gestalten.

DIE DRACHENGROSSMUTTER

Überall in der Welt führt der Weg zum Wissen über die alte Frau, die alte Hexe, die Großmutter des Teufels, die Großmutter der Drachen, das alte Waldmütterchen, das gebrechlich wirkt, aber, wenn's darauf ankommt, erstaunlich beweglich ist. Die Alte ist diejenige, mit der die Helden der Märchen klarkommen müssen, ehe sie überhaupt an die Jungfrau denken können.

Die alte Großmutter weiß um die Geheimnisse von Zeit und Raum und anderen Welten, sie weiß, wo sich die Geliebte des Helden verborgen hält, und wenn sie es nicht weiß, so weiß es ihre Muhme. Und der Weg dorthin dauert „ob Tage, ob Jahre, wer kann es wissen". Die Alte wohnt meistens in einem Häuschen im Wald, spricht mit dem Mond oder mit den Winden, sie kann sie auch rufen, manchmal pfeift sie ihnen. In einem Märchen wohnt sie gar in einer kleinen Kate, die sich auf einem Hahnensporn dreht.

Fast immer erwähnt sie, wenn sie den Märchenhelden begegnet, daß sie lange Zeit kein Christenfleisch gerochen hat, denn sie verkörpert die Zeit vor der Domestizierung der Frau.

In einem Märchen, in dem der König seine Tochter verstoßen hat, weil er sich von ihr beleidigt fühlt, als sie sagt, sie liebe ihn so sehr wie das Salz, wird die Alte zur Hüterin der Prinzessin. Sie läßt den Prinzen, der die Prinzessin erlösen will, für sich arbeiten, bittet ihn, sie zu tragen, wird auf dem Rücken so schwer, daß er meint, an dem Gewicht der Alten zugrunde zu gehen. Als er aber alles zu ihrer Zufriedenheit tut, bringt sie ihn mit der Prinzessin zusammen. Denn die Alte hat die Funktion, von den jungen Frauen und den Drachinnen Übel abzuhalten und sie zu schützen. Die Alte ist unberechenbar, übellaunig und albern zugleich, niemand nimmt sie ernst, und dann plötzlich zeigt sie ihre Macht.

Ein Grund, warum die Alten so aus der Gesellschaft ausgegrenzt und verteufelt wurden und auch in den Mythen und Märchen so schlecht wegkommen, ist ihre Erfahrung und ihr Wissen. Wer könnte einer jungen Frau alles erzählen, was sie erwartet, wenn nicht die Alte? Wer kennt die Schwächen und Lügen des Systems so genau? Und wer hat endlich keine Angst mehr, alles auszusprechen?

Die Alte braucht sich nicht mehr anzupassen, braucht nicht mehr zu gefallen. Sie kann dasitzen und zuschauen, und wenn sie Lust hat, spricht sie. Die Alte kämpft nicht, sie ist.

Der Zustand der Drachengroßmutter ist der der nicht mehr menstruierenden Frau, die den Zyklus des Blutes beendet hat und ihre Weisheit lebt.

QUELLEN

Handwörterbuch des deutschen Aberglaubens; Stichwort Drache.
Gottfried Henßen: *Die güldene Kette.*
Peter Dickinson: *Das große Buch der Drachen.*
Jakob Grimm: *Deutsche Mythologie.*
Jules Michelet: *Die Hexe.*

MOND UND BLUT

Kaum eine Frau kann sagen: wenn ich zu Neumond oder zu Vollmond oder zum zunehmenden Viertelmond blute, fühle ich mich so und so. Kaum eine Frau realisiert die Mondphasen. Wenn überhaupt etwas erwähnt wird, dann das Zusammentreffen von Vollmond und Menstruation, das als dramatisch oder wunderbar oder schmerzhaft oder sonstwie besonders empfunden wird. Ich beziehe mich bei dieser Aussage auf Frauen, mit denen ich lebe, arbeite, Workshops mache, auf Frauen, die mir im Laufe der Jahre begegnet sind und über ihre Blutung gesprochen haben. In dem hervorragend recherchierten Sonderheft der *Courage* von 1979 über das Menstruationsblut wird auch Louise Lacey erwähnt, die damals mit ihrem Buch „Lunaception" Aufsehen erregte. Sie wies nach, daß der Eisprung dann stattfindet, wenn in 29 1/2 Nächten drei davon nur schwach beleuchtet werden, während die anderen stockdunkel sind. Der natürliche Zyklus bei Frauen, die draußen im Freien leben und auch schlafen, bringt einen Eisprung zum Vollmond. Das haben mir auch Tuaregfrauen bestätigt. Für Frauen in den Neon-Zivilisationen ist es fast unmöglich, den Zyklus auf den Vollmond zu polen. Obwohl dies eigentlich die sanfteste Menstruation zur Folge hätte. Denn, wie gesagt, Vollmond UND Menstruation zugleich, das kann eine umwerfende Erfahrung sein.

Wie können Menstruation und Mondphase zusammenwirken, und welche Kräfte können dabei frei werden? KÖNNEN. Ich sage nicht, so ist es, so sollte es sein, so müßt ihr das erleben. Sondern: das wäre möglich, wenn ihr damit so arbeiten wollt.

ZUNEHMENDER MOND / MENSTRUATION

Der zunehmende Halbmond verkörpert das Wachstum, die Zeit des Lernens, des Aufhorchens und Einfühlens. Neue Prozesse kommen in Gang, neue Erfahrungen und Erlebnisse stehen an. Symbolisch steht der zunehmende Mond in Verbindung mit der Morgenröte, dem Beginn des Tages und dem Element Luft. Menstruation in dieser Zeit heißt: Die Kraft der Blutung geht nach innen, es ist Zeit zum Nachdenken, zum Lernen, Lesen, Zeit, neue Erfahrungen zu machen. In dieser Zeit könntest du offen werden für wichtige Lernprozesse und die Vermittlung von Wissen von anderen Frauen. Diese zunehmende Mond-Mens ist durch den Raben symbolisiert, der für die Vermittlung von Wissen steht und den Flug der Seele verkörpert. Persephone, die Göttin, die den Weg in die Unterwelt antritt und in das weibliche Blut einweiht, ist die Hüterin dieser Menstruationsphase.

VOLLMOND / MENSTRUATION

Du mußt schon ein echtes Kraftbündel sein, wenn du mit dieser Konstellation lustvoll und für dich befriedigend arbeiten kannst. Hier liegt die stärkste Vitalität der Frauen, es ist Zeit, Veränderung zu bewirken, Entscheidungen zu treffen, die Kraft gestalterisch/politisch einzubringen. Symbolisch verkörpert die Vollmond-Menstruation den Mittag, die Hitze, die Höhe der Kraft und der Macht sowie das Element Feuer. Vollmondblutungen sollten Feste und Freßgelage haben. In dieser Zeit wird höchst wirkungsvolle Magie gewirkt, Einfluß genommen, denn der Vulkan bricht aus, und das Feuer braucht Kontrolle und Richtung. In dieser Zeit kannst du lernen, wie du Energie umwandelst, von einer Depression in einen Schrei zum Beispiel. Von Bauchkrämpfen zu Lustgefühlen. Die Kraft der Vollmond-Mens geht von innen nach außen. Das Tier der Vollmond-Mens ist Phoenix, die mythische Vogelgestalt, die verbrennt, um neu zu erstehen. Istar, die rote Göttin von Babylon, ist die Hüterin dieses Menstruationsfeuers.

ABNEHMENDER MOND / MENSTRUATION

Das Feuer ist kleiner geworden, hat anderes genährt, jetzt kommt die Zeit der Verwirklichung. Aus Ideen und Impulsen webst du ein Netz, festigst Erfahrenes und Gelerntes. Es ist die Zeit, Pläne und Projekte zu entwickeln, bereits bestehende Zustände zu stabilisieren. Und das ist auch die Kraft, die du hier entwickeln könntest. Symbolisch steht die abnehmende Mond-Mens für die Abendröte, die Zeit, die sich der Dunkelheit nähert, dem Ende des Tages und damit der Sonnenkraft und dem Element Erde. Die Kraft der abnehmenden Mond-Blutung geht von innen nach außen. Es ist Zeit, aufzubauen und mit diesen Energien kreativ umzugehen. Das Tier dieser abnehmenden Mond-Mens ist die Bärin, die in allen alten Mythen auch die Ge-Bär-Mutter versinnbildlicht. Die Bärenkraft ist gewaltig und tief und mütterlich. Die Göttin dieser Zeit, Demeter, vertritt die Belange des Lebens auf der Erde, sie läßt Früchte und Getreide wachsen und läßt alles veröden, wenn sie um ihre Tochter trauert.

NEUMOND / MENSTRUATION

Neumond verkörpert den Sog nach innen, das schwarze Loch, das Energie schluckt und zugleich in sich alle Kräfte birgt. Neumond, der schwarze Mond ist die dunkle, beängstigende, geheimnisvolle Kraft der Tiefe. In dieser Zeit kommen Ängste, Erinnerungen, Erlebnisse hoch, die Verarbeitung brauchen. Es ist eine gute Zeit, abzurechnen, alte Tagebücher zu lesen, alte Fotoalben anzuschauen und daraus Schlüsse zu ziehen. Die Neumond/Menstruation entspricht der Mitternacht: hier wirken alle Kräfte zusammen, der Mond atmet ein, der Bauch atmet aus. Was bei Vollmond aufgebaut wurde, wird bei Neumond gelöst; das entspricht auch dem Binde- und Lösezauber. Neumond/Menstruation ist eine starke Zeit der Heilung und entspricht dem Element Wasser. Die Kraft der Neumondblutung geht von außen nach innen, in den Kessel der Frauen, den Bauch, den Hexenkessel, den heiligen Gral. Das Tier dieser Zeit ist die Kröte, mit all ihrem Wissen, ihrem Schleim, ihrer Fähigkeit, ganz bei sich zu sein, ihrer unberührbaren (giftigen) Lust. Die Göttin dieser Zeit, Hekate, ist die Frau der Kreuzwege, die Hüterin der Geheimnisse, die Wissende, die Strafende, die Dunkle, die Alte.

FESTE FEIERN

Du kannst die Menstruation ignorieren, du kannst sie über dich ergehen lassen, die Zähne zusammenbeißen und „trotzdem" sagen.

Du kannst sie natürlich auch feiern. Um dieser Energie auf die Spur zu kommen, ist es gar nicht schlecht, ein Menstruationstagebuch anzulegen. Dann wirst du einen Überblick erhalten, wie es dir wann gegangen ist, was dir gut und was dir schlecht bekommen ist. Du wirst sehen, wie sich die Menstruation sanft weiterschaukelt, vom Vollmond zum Neumond, hin, her. Oder du wirst feststellen, daß über Jahre hinweg deine Blutung immer in einer bestimmten Mondphase liegt. Du kannst noch mehr tun und während der Menstruation – am besten am ersten Tag – in die Nacht hinausgehen und beobachten, wie der Mond steht. Besorge dir eine Sternkarte und ein gutes Fernrohr.

Laß dir mal die verschiedenen Sternbilder erklären und beobachte, wie der Mond am ersten Tag deiner Menstruation vielleicht unter den Plejaden durchschlüpft oder einen Planeten berührt, verdeckt oder überholt. Spinne dir zusammen, was du dabei siehst, fühlst, erlebst.

Wie ist die Menstruation im Sommer/im Winter, an hellen Tagen, an trüben Tagen? Ist dir schlechtes Wetter gerade recht, damit du dich zurückziehen kannst? Was wird dir zuviel, wovon brauchst du mehr?

Um zur Kraft dieser Zeit, der Mond-Zeit zu kommen, ist es gut, einmal ein Fest zu feiern.

– Mit vielen Frauen: Wenn du mehrere Frauen kennst, die etwa zur gleichen Zeit menstruieren, dann trefft euch einmal abends und geht entweder im Sommer in einen Wald oder im Winter in einen gut geheizten Raum, trinkt rote Säfte oder Wein, bemalt euch mit Blut und mit Farben, stampft einen Grundrhythmus, und dann springt jede, die sich danach fühlt, in den Kreis und tanzt das Gefühl, das ihre Menstruation auslöst: Sprünge, leises Schwingen, Pendeln, Stillstand, Kauern, Hüpfen,

Stampfen. Jede tanzt, was sie empfindet, während die anderen den Rhythmus konstant halten. Am Schluß geben sich alle die Hände, bleiben stehen und schwingen leicht hin und her, jede nimmt die Schwingung der Frauen neben sich auf, gibt sie weiter. Wenn der Kreis gelöst wird, sollte jede Frau ihr Kraftzentrum, den Solar Plexus, mit beiden Händen bedecken und damit verschließen.

– Ritual zum Allein-Feiern: Geh an einen schönen Platz in der Natur, er soll geschützt und einsam liegen, so daß du von niemandem gestört wirst. Nimm dir vier Symbole für die vier Himmelsrichtungen oder die Elemente mit und leg sie aus: etwas für die Luft in den Osten, etwas für das Feuer in den Süden, etwas für die Erde in den Westen und etwas für das Wasser in den Norden. Dann umkreist du einmal diesen von dir gestalteten Ritualplatz. In der Mitte des Kreises machst du nun ein Feuer, ein kleines, bescheidenes, aus dürren Zweigen und Holzstücken, die du vorher gesammelt hast. Wenn das Feuer brennt, formulierst du, was du gern verwandeln möchtest, und rufst dir die Energieform/Mythengestalt/Göttin oder Kraft dazu, die dir helfen soll. Dann verbrennst du deine Binde oder den Tampon oder auch ein Blatt Papier mit etwas Blut darauf und konzentrierst dich auf die gewünschte Verwandlung. Wünschen ist eine sehr starke Kraft, die Zweifel und Resignation ausschließt und sich deshalb in dir sehr klar ausbreiten kann. Wenn das Feuer heruntergebrannt ist, löst du den Kreis wieder auf, sammelst deine Symbole ein, wenn du sie nicht dort lassen willst, bedankst dich bei den Wesen, die du gerufen hast, und versicherst dich, daß das Feuer wirklich ausgelöscht ist.

– Ein Fest für die Drachenjungfrauen: Wenn junge Frauen zum erstenmal bluten, sollten sie ein wunderbares weißes Fest feiern. Die Mütter kaufen oder nähen weiße Kleider mit roten oder rosaroten Verzierungen, Blumen, Blüten, je phantasievoller um so schöner (will nicht jede Frau irgendwann mal Prinzessin sein? Jetzt ist der Zeitpunkt gekommen, die Erbprinzessin übernimmt die Macht!). Dann wird ein Essen gekocht, in dem lauter weiße und rote/rosa Speisen verwendet werden (siehe Kapitel „Schlangenfraß"). Die Mütter machen einen Geburtskanal, das heißt, immer zwei stehen sich gegenüber, die nächsten daneben, bis eine möglichst lange Reihe entsteht. Die zu initiierenden Mädchen werden von den vorderen Frauen auf die Arme gehoben und – Füße voraus – durch die ganze Reihe der Frauen geschaukelt und schließlich von einer Frau (zum Beispiel einer, die nicht mehr blutet) aufgefangen und willkommen geheißen. Der Geburtskanal könnte auch auf zwei andere Arten gemacht werden. Entweder: Alle Frauen stehen hintereinander mit gegrätschten Beinen, und die kleinen Frauen kriechen unter ihnen hindurch. Oder: Die Frauen stehen sich so gegenüber wie vorher, nur enger, Bauch an Bauch, und die kleinen Frauen müssen sich zwischen den Bäuchen hindurchwinden (was ein sanfter, liebevoller Weg sein sollte). Am schönsten ist es aber, sie durchzuwiegen. Anschließend kann getrommelt, getanzt, gefeiert werden.

– Ein Fest für Drachinnen: So viele Frauen, wie Lust haben, treffen sich zu einem Drachinnen-Fest: Rot ist die Farbe, mit gelegentlichem Schwefelgelb. Rote Bemalung, rote Fetzenkleider (ein uralter Brauch in den Alpen und in verschiedenen afrikanischen Kulturen kennt das „Kleid in allen Farben", den „Narrenrock", den „Fetzenrock", der symbolisiert, daß alle Kräfte versammelt sind). Es gibt ein rotes Festmahl (siehe „Schlangenfraß"-Kapitel). Dann springen die Frauen unter Trillern und Vogelschreien, Pfeifen und Kreischen in den Kreis. Einige können Glöckchen an den Beinen oder in den Kleidern haben. Eine Zeitlang springen und laufen alle im Kreis herum, schreien, stoßen tiefe, grunzende Laute aus, zischen, brüllen, durchbrochen von lautem Ha und Ho. Dann springt eine nach der anderen an einen festen Platz im Kreis. Alle geben sich die Hände. Eine fängt an und sagt ihren Namen (auch den, den sie gerne hätte). Nun singen, schreien, flüstern und sagen alle diesen Namen. So geht es reihum, bis alle benannt sind. Dann gehen die Frauen ganz dicht hintereinander einen engen Kreis. Jeder Po schmiegt sich in den Bauch der nächsten Frau, alle gehen, bis der Kreis geschlossen ist. Aus der Art des Tanzes, der uralt ist und bereits in den Felsmalereien des Tassili-Gebirges in Algerien aus der Zeit von 4000 vor unserer Zeitrechnung überliefert ist, wird klar, daß jede Frau sich weit vorbeugen und weich in den Knien sein muß, um die sanften Schwingungen mit jedem Schritt, hin und her, Hüfte ganz nach rechts, ganz nach links im Einklang mit den anderen Frauen machen zu können. Wiegt euch wie ein einziger Körper, spürt die Körper der Frauen vor und hinter euch, schmiegt euch, wiegt euch, genießt. Später kann übers Feuer gesprungen oder auch etwas ins Feuer geworfen werden (verbal, über einen Schrei oder einen Spruch, schön ist, wenn sich's reimt, oder auch in Form eines aufgeschriebenen Spruchs, der als Zettel verbrannt wird). Mit einer Gruppe von Frauen haben wir einmal so einen Feuertanz gemacht, der immer lustiger und wilder wurde, bis wir Lust hatten, übers Feuer zu laufen. Es war eine wunderbare Erfahrung, daß wir übermütig und lustvoll ins Feuer gingen und es am Ende sogar austanzten.

– Ein Fest für Drachengroßmütter: Drachinnen und Drachengroßmütter treffen sich zu einem Fest, bei dem die Drachinnen in Rot und Gelb gekleidet erscheinen, auch in Fetzen- oder Federkleidern, die Alten dagegen in Schwarz mit den Farben der Meere und des Mondes. Ein großes Festmahl wird zubereitet, bei dem hauptsächlich Nachtschattengewächse zubereitet werden (siehe Kapitel „Schlangenfraß"). In der Mitte des Kreises steht ein Kessel mit Wasser. Frauen, die ihren Abschluß der Menstruationsphase feiern wollen, stehen im Kreis um den Kessel. In einem äußeren Kreis, entweder die Himmelsrichtungen darstellend oder einfach einen Kreis bildend, stehen Frauen, die noch menstruieren. Diese Frauen des äußeren Kreises stampfen einen Rhythmus. Gleichmäßig, stark, ruhig. Die Frauen im Innenkreis setzen sich in Bewegung, links um den Kessel herum. Zuerst einmal wird längere Zeit der Kessel eingekreist, dann setzen sich die Frauen im äußeren Kreis im gleichen Rhythmus in Bewegung und stampfen rechts herum. Jetzt fängt eine der alten Frauen an zu rufen oder zu singen und benennt, was in ihrem Leben wichtig war. Dann ruft oder singt eine andere etwas. Mit der Zeit, während sich die Alten nach links und die Jungen nach rechts um den Kessel herum bewegen, stampfen und vielleicht klatschen, sagt jede Alte etwas, das sie den Jungen weitergeben will. Dann bleiben die Alten stehen und werfen symbolisch noch weitere wichtige Ereignisse in den Kessel, während die Jungen immer noch stampfend kreisen. Dann wird es ruhig. Alle haben gesagt, was an Wissensvermittlung und Erfahrung jetzt im Kessel liegen soll. Die Frauen im äußeren Kreis geben sich die Hände und heben sie hoch und stampfen dabei auf die Kreismitte zu, bis sie die Alten erreicht haben. Die Alten schlüpfen unter ihren erhobenen Armen hindurch und stellen sich außen auf, die Frauen im Kreis tanzen auch wieder nach außen. Dann wird der Kreis aufgelöst. Die Jungen bedanken sich bei den Alten. Jede Frau kann dann noch einmal über den Kessel gebeugt schauen, was sie in der Wasserfläche sieht. Das Wasser soll dann der Erde zurückgegeben werden.

Teil 2
PRAKTISCHE ARBEIT MIT MENSTRUATION

MENSTRUATIONSHÜTTE

Aus verschiedenen indianischen oder auch afrikanischen Kulturen sind uns Menstruationshütten überliefert, die dazu dienten, die Frauen in dieser Zeit zu isolieren.

Ein Ur-Einwohner von Neu-Guinea hat seine Frau umgebracht, weil sie während der Menstruation auf seiner Decke geschlafen hat und er fürchtete, ihrem schädlichen Einfluß nicht anders entgehen zu können. Kein Wunder, daß bei dieser psychotischen Angst vor dem „mana“, dieser unberechenbaren Kraft der Frau während der Blutung, aus einem sicher ursprünglich für die Frauen wichtigen, eigenen Raum eine Verbannung wurde.

Tatsächlich ist es eine wunderbare Sache, einen Menstruationsraum oder eine Menstruationshütte zu haben. Einen Ort, an den eine Frau sich zurückziehen und geschützt fühlen kann.

Mein erster Menstruationsraum war die Kammer der Wohnung, in der ich in der Stadt lebte. Es gab einen Teppichboden, denn der Boden mußte warm und weich sein. Dann waren alle meine Lieblingssteine dort, verschiedene Figuren von Göttinnen und einige kleine Frauenfiguren aus Ton, die ich von Freundinnen geschenkt bekommen hatte. Dazu ein paar Muscheln, Kerzen und weiche Kissen. Gelegentlich zog ich mich in diese Kammer mit einer Decke, einer Wärmflasche und einem Becher Kakao zurück, um in Ruhe zu schmökern und ungestört vor mich hin zu dampfen. Später hatte ich auch außerhalb der Menstruationszeit oft das Bedürfnis, diesen kleinen, heiligen Raum als Meditationsort aufzusuchen.

Als ich aufs Land zog, baute ich mir ein Tipi, ein Zelt aus sieben hohen Holzstangen, um die ich Decken und Tücher warf, so daß eine Art Zelt entstand: Der Boden ist bedeckt mit Beifußkraut. Im Inneren kann ich ein kleines Feuer machen, und mit einer entsprechenden Matte als Unterlage kann ich auch an feuchten Tagen dort im Schlafsack übernachten. Manchmal geht es mir einfach nur darum, einen Platz zu haben, der mich an die

Kraft meiner Menstruation erinnert. Ich feiere dort nicht immer ein Ritual, aber manchmal gehe ich in Trance und schreibe mir die Visionen und Bilder auf, die ich dann oft weiterspinnen kann, um in der Wirklichkeit des Alltags mit ihnen zu leben.

Es gibt auch einige Heilquellen oder Marien/Frauenquellen, zu denen es mich während der Menstruation stärker hinzog. Ich werde diese Plätze nicht nennen, weil ich es nicht gut finde, Konsum-Tips zu geben. Ihr werdet diese Orte sicher allein finden. Immer sind es Quellen mit kleinen Kapellen oder Quellen bei Höhlen, denen der Volksmund entsprechende Namen gibt. „Marien"- und „Frauen"- ist oft ein Schlüssel zur alten Nutzung dieser heiligen Orte. Auch „Höllen"- oder „Hexen"-Plätze sind alte Hinweise auf Frauen-Kraft-Orte. Ich habe auch Versuche mit Schalensteinen gemacht, von denen ich vermute, daß zumindest einige in Zusammenhang mit Menstruationsblut verwendet wurden. Selbst auf die Gefahr hin, daß brave Brauchtumsforscher aufjaulen, muß ich sagen, daß es spannend ist, tabuisierte kleine Rituale an bereits vom Volkskitsch einverleibten Orten durchzuführen.

Schön wäre es natürlich, wirkliche Menstruationshäuser oder -hütten zu haben oder wenigstens Räume in Frauenzentren/Frauenhäusern, die menstruierenden Frauen zur Verfügung stehen, entweder als Rückzugsort oder als Treffpunkt, um an der eigenen Mens zu arbeiten. Solche Räume sollten bequem und gemütlich sein, auch sollten viele Kissen und Decken zur Verfügung stehen, es sollte eine Möglichkeit geben, Tee oder Kakao zu machen oder vielleicht auch eine Suppe (Kaffee empfiehlt sich nicht, der regt auf und verstärkt die Blutung).

Frauen könnten dorthin kommen und Menstruationstagebücher führen. Es könnte ein gemeinsames Buch geben, in das jede Frau ihre Gefühle, Träume und Probleme einschreibt. Es könnte feste Treffen geben, auch außerhalb der Menstruationszeiten, bei denen Frauen ihre Blutung besprechen, ihre Schwierigkeiten und lustvollen Erlebnisse einbringen und vielleicht auch mal zusammen ein Fest feiern, um die Dynamik der Menstruation zu verändern.

Menstruationshütten/räume sollten gut zu beheizen sein, Wärme ist oft das wichtigste. Entweder sollte, wie in Indianertipis, ein Feuer gemacht werden können, oder, wenn es sich um feste Hütten oder Häuser handelt, sollte es eine Feuerstelle/einen Herd, notfalls Heizung geben.

Die Dekoration ist natürlich völlig den Frauen überlassen, die diesen Raum oder dieses Haus nutzen. Schön ist es, sich dort mit Dingen zu umgeben, die für die jeweiligen Frauen einen starken Bezug zur Menstruation haben, die Farben des Meeres oder des Blutes, Göttinnen-Darstellungen, die mit Blut, Fruchtbarkeit und Heilung in Zusammenhang stehen. Symbolische Gegenstände wie Steine (es gibt wunderschöne vulven-artige Steine und Hölzer), Muscheln, Wasserschalen usw.

Das wichtigste in einem Menstruationsraum, einer Hütte oder einem Menstruationskultplatz, der im Freien sein kann und einfach ein guter Kraft-Platz ist: der Altar.

MENSTRUATIONSALTAR – FETISCHE – AMULETTE

Viele Frauen haben kleine Hausaltäre, ohne sich derer bewußt zu sein. Sie legen ein paar Steine, Federn, Muscheln, einen Kinderschuh, ein altes Foto, eine Fahrkarte von einer wichtigen Reise usw. auf den Schreibtisch, und wenn sie hinschauen, spüren sie ein warmes Gefühl von angenehmer Erinnerung. Auf diese Kraft der Erinnerung oder der Verbindung zwischen symbolischem Gegenstand und eigenem Gefühl bauen sowohl die kleinen Altäre als auch Fetische, Amulette und Kraftgegenstände auf.

Zuerst einmal wirst du dir darüber klarwerden müssen, welche Kräfte und Gefühle du suchst. Wenn du dir einen Menstruationsaltar baust, mußt du überlegen, welche Materialien du willst und was du darin ausdrücken möchtest.

Ich habe ein altes, von einer Tante geerbtes Kästchen, in dem ich Steine, Muscheln, Federn, magische Kräuter und Gegenstände aufbewahre. Alles, was in das Kästchen kommt, wird aufgeladen. Es ist aus Holz mit Perlmuttvögeln darauf. Auf dem Kästchen liegen meine Menstruations-Kraftgegenstände:

Da ist ein Stückchen Leopardenfell, das ich von einem afrikanischen Jäger bekommen habe, der es wiederum einem weißen Großwildjäger geklaut hat, weil er fand, es solle nicht zu dem, sondern zu mir. Dann habe ich darauf eine große Südseemuschel, die das Meer rauschen läßt, wenn ich sie ans Ohr halte. Daneben einen Stein aus der Sahara, der aussieht wie eine Vulva und einen winzig kleinen, weißen Stein zwischen den Lippen eingeschlossen hat. Dann gibt es ein kleines Holzwurzel-Gebilde, das aussieht wie ein Drachen. Davor habe ich verschiedene rote Perlen aus Karneol, Koralle, Achat und Granaten gelegt. Eine kleine Dose aus Kamelhaut mit Kaurimuscheln und Beifuß- und Frauenmantelkräutern steht daneben. Außerdem gibt es zwei getrocknete, wunderschöne rote Orchideenblüten und eine Holzplastik aus Sumatra, die zwei Drachen, rot und grün, ineinander verschlungen und darauf eine Frau, eine Drachenreiterin, zeigt. Manchmal kommt ein Läppchen mit Blut dazu, und bis vor kurzem hatte ich dort ein Stück getrockneten Fliegenpilz aus einem „Hexenring“ an den Osterseen in Bayern. (Ein Hexenring ist ein Kreis von Fliegenpilzen im Wald.)

Menstruationsaltäre können auch ganz anders aussehen, der Phantasie ist da keine Grenze gesetzt. Jede Frau muß selbst entscheiden, was dazu gehört, was ihr Kraft gibt, was eine gute Erinnerung enthält.

Amulette zur Verstärkung der Frauen-Kraft sind in Afrika traditionell Kaurimuschelketten oder Lederketten mit spiralförmigen Muschelböden, die früher in Westafrika als Zahlungsmittel verwendet wurden. Es werden auch Ketten aus roten Glas- und Holzperlen oder aus roten Samen und getrockneten Früchten verwendet (Blut-Ketten). Ich habe mir ein Lederbeutelchen genäht, in dem ich ein Stück Stoff mit Menstruationsblut von einer wichtigen Freundin, eine getrocknete Hagebutte, eine getrocknete Rosenblüte und eine getrocknete Chili-Schote aufbewahre.

Gerade nähe ich mir einen Fetzenumhang aus lauter roten, rosaroten, gelben und orangenen Stoff-Fetzen, auch Fetzen, die rote oder rosa oder gelbe Blüten aufgedruckt haben (da ich nicht sehr gut nähen kann, wird es noch eine Weile dauern, bis ich ihn umwerfen und mich damit in das Tipi zurückziehen kann).

Amulette und Bemalung oder auch besondere Kleidung machen den veränderten Zustand der Menstruation sehr deutlich. Amulette aus Fell und Federn oder Fell und Federn auf Kleidungsstücke genäht, vermitteln eine starke Energie. Sobald du das Amulett umhängst, trittst du in die andere Zeit, in die andere Ebene, die magische Welt ein, in der dir andere Kräfte und Erfahrungen begegnen. Das ist das Geheimnis der schamanischen Einweihung ebenso wie der Einweihung in die Kraft des Blutes.

Während meiner Schwangerschaft vor vielen Jahren und auch danach hatte ich, wenn ich menstruierte, oft Heißhunger auf rohes Fleisch und mußte es, mit etwas Zitrone, noch auf der Straße verschlingen. Ich habe diese seltsame Angewohnheit dann auch einmal ritualisiert und das Tier, dessen Fleisch ich roh verschlang, angerufen (das geht ja ohnehin bei uns nur mit Rindfleisch, alles andere können wir aus gesundheitlichen Gründen vergessen). Ich hatte dann ein sehr intensives Erlebnis mit Hathor, der Kuh-Göttin aus Ägypten. Seitdem hat sich mein

Fleischhunger stark reduziert, ich kenne aber dieses lustvolle, kannibalische Gefühl, einmal etwas „Blutiges" zuzulassen, vor dem es mich in dieser Wildheit eigentlich ekelt.

Fetischpuppen oder -gegenstände sind auch eine gute Möglichkeit, Menstruationskraft in ihrer besonderen Form darzustellen.

In Afrika gibt es Tonfiguren, die am Bauch rot und am Rükken schwarz sind, sie werden in Tierform, aber auch als vielbrüstige Frauen oder menschliche Körper ohne Geschlechtsteile geformt. Ihr Rücken ist dunkel, so daß er Kräfte aufsagen kann, also stark ist und gut abwehren kann. Die Vorderseite wird rot bemalt, weil sie verletzlich, weich, offen, schutzbedürftig und warm ist. Das heißt: bei Bedrohung wird die Figur so ins Fenster oder in die Tür gestellt, daß die schwarze Seite nach außen zeigt. Will eine Frau aber Kraft nach außen abstrahlen, so stellt sie die Figur mit der roten Seite nach außen.

Andere Fetischpuppen werden aus Holz oder Stoff gemacht und mit Stoffetzen, Symbolgegenständen, Wollfäden, Muscheln, Steinen, Perlen, Federn, Fischgräten, Knochen und anderem behängt. Jede Frau muß die Substanz wählen, die sie während der Menstruation am meisten braucht.

VERBÜNDETE WESEN

Gehen wir davon aus, daß der Zustand der Menstruation ein magischer Zustand ist, eine Zeit von ganz besonderer Kraft, die wir zwar vielleicht weder kennen noch nutzen, die aber in uns steckt und als Potential zur Verfügung steht.

Wie bei allen magischen und mythischen Handlungen gibt es auch für die Menstruation bestimmte Wesen, Steine, Pflanzen, Tiere, die mit dieser Schwingung in Einklang sind, die Kanäle öffnen und als Symbol oder in der Realität Kraft und Wissen vermitteln können. Um diese Botschaften verstehen zu lernen, müssen wir andere Kommunikationsformen entwickeln. Ein Stein kann nicht sprechen wie ein Mensch. Ein Tier wird sich nicht vor dich stellen und sagen: „Hier hast du drei Haare, wenn du sie reibst, wirst du mich rufen und von mir Hilfe bekommen."

Woher also dieses Wissen nehmen?

Der eine Weg ist meditativ: Du setzt dich deinem Symbol gegenüber und fühlst dich ein, läßt alle Impulse und Gedanken, alle Assoziationen zu, die dir durch den Kopf gehen, und lernst dabei, Zeichen, die in dir hochkommen, zu deuten. Manchmal gibt es Antworten in der Natur oder aus diesen Wesen selbst.

Ein Beispiel: Als ich anfing, mit Menstruation zu arbeiten, ging ich einmal während einer Blutung in eine tiefe Körperentspannung, um zu erfahren, woher die Bauchkrämpfe kamen. Ich konnte mich sehr gut entspannen und erlebte eine wunderbare Leichtigkeit. Plötzlich war mir, als bandagiere mich jemand und lege mich in einen Steinsarg. Ich konnte mich nicht mehr bewegen und geriet fast in Panik. Weil ich nicht damit umgehen konnte, brach ich die Trance ab, aber ich konnte meine Beine immer noch nicht bewegen und war wie gelähmt. Während mir dämmerte, daß ich möglicherweise genau das gleiche mit meinem Bauch tat, indem ich ihn in enge Jeans schnürte und sowieso immer einengte, weil ich keinen Bauch haben wollte, weil er mir lästig und zu fett war, geschah etwas Seltsames. Ich machte alle meine Entspannungen bei Kerzenlicht und mit einem Bambusbecher, in den ich vor der Trance etwas Wasser gab. Während ich an meinen eingeschnürten Bauch dachte, sprang der Bambusbecher in zwei Teile, dann konnte ich meine Beine wieder bewegen und fühlte mich wirklich befreit. Ich habe die zwei Hälften des Bambusbechers aufgehoben, weil sie mir damals einen Knalleffekt von Bewußtheit gegeben hatten.

Eine andere uralte Methode, die Sprache der Geist-Wesen zu entschlüsseln, ist das Selbstgespräch, wenn du dich darauf konzentrierst, Botschaften zu empfangen. Das heißt, daß du dich entweder auf eine Pflanze, einen Gegenstand, ein Tier konzentrierst oder auf einen Berg oder durch einen Wald läufst, schwimmst oder mit dem Boot über ein Wasser fährst oder in ein Feuer starrst und anfängst „leer" zu reden. Das heißt, dein Mund wird zum Kanal für Energie.

Sehr viele Frauen führen Selbstgespräche und schämen sich deshalb. Sie sind aber ein wichtiger Sensor für Schwingungen, die du hörbar, fühlbar, real machen willst. Selbstgespräche sind der Kanal für die alte Sprache. Ich höre auf die alte Sprache, indem ich sie singe und in Selbstgesprächen ausspreche.

Andere Kanäle sind Träume. Um sie zu entschlüsseln, kannst du ein Traumtagebuch führen, in dem du wenigstens Gefühle, Farben, Symbole, Begriffe festhältst.

Mit der Zeit der Menstruation verbündete Wesen können in solchen Situationen des Traums, des Selbstgesprächs, der Meditation und der Begegnung auftauchen.

TIERE

Kröte – sie steht für Fruchtbarkeit, Fülle, warmen, schleimigen Bauch, sich breitmachen.

Katze – sie symbolisiert das Wissen um Erdstrahlen und Wasseradern, sie hat den „7. Sinn".

Spinne – symbolisiert das Traumweben, Zauberspinnen, das In-sich-selbst-verwoben-Sein.

Hase – steht für die Kraft der Nacht und die Beweglichkeit (in manchen Mythen haben sich Frauen zur Zeit der Menstruation in Hasen verwandelt und sind nachts zum Mond gegangen).

Bär – oder eigentlich die Bär-Mutter ist ein Symbol für die Gebärmutter, für den Bauch und das Wissen um den Menstruationszyklus mit seiner Kraft.

Wolf – Wachsamkeit, Strenge und schamanisches Wissen, also

die Verbindung zur Anderswelt, wird ihm zugeschrieben.

Adler – steht für den Flug der Seele, das Verlassen des Körpers in Trance, die Ahnen-Geister.

Eule – symbolisiert die Weisheit, das Wissen der Nacht, sich in der Dunkelheit bewegen können, Genauigkeit und Weisheit.

Biene – steht für das Mutterrecht (Bienenkönigin!) und die Fruchtbarkeit in Verbindung mit Nahrung. (In manchen Mythen verwandeln sich Frauen in Bienen oder Hummeln und schwirren nachts aus, werden dann die Fenster zugemacht, können sie nicht mehr zurück und sterben.)

Schlange – sie verkörpert die sexuelle Kraft und auch die Kraft von Tod und Wiedergeburt, denn sie kann sich häuten.

Stier/Kuh – symbolisiert die gelassene Weisheit der alten, mutterrechtlichen Kulturen, auch die sinnliche Lebenskraft und körperliche Stärke.

PFLANZEN

Beifuß/Artemisia – heißt auch Frauenkraut oder Machtwurz und wird bei Menstruationsstörungen als Tee getrunken, symbolisiert die alte Macht der Menstruation.

Frauenmantel – steht für das Fließen des Blutes, für die Gelöstheit oder Auf-Gelöstheit.

Hirse – ist die heilige Nahrung der Alten, bringt Weisheit und Stille in die Gedanken, entkrampft.

Kürbis und Kürbiskerne – bringen alles ins Fließen, stehen für Fruchtbarkeit und Fülle.

Brennessel – stehen für Wasser und etwas in Fluß bringen, zudem reiben sich indianische Frauen manchmal damit ein, wenn sie Menstruationsschmerzen haben (die Lippen der Vagina, dadurch entsteht ein taubes Gefühl und der Schmerz läßt nach).

Honig – heilige Nahrung, wird löffelweise als Heilmittel genommen (in Malta ist das heute noch so), symbolisiert Weichheit und Gelassenheit.

Bärwurz – steht für die weibliche sexuelle Kraft und die Schönheit des Bauches.

Hagebutte – eine alte heilige Blüte und Frucht, steht für Lust und Freude, entspannt.

Lippenblütler – z. B. Löwenmäulchen, symbolisieren die Vagina und die Lust der Frauen.

Orchidee – steht ebenfalls für weibliche Lust und die Vagina.

Holunder – symbolisiert Heilkraft und die Weisheit der Ahninnen und alten Göttinnen.

Rosmarin – ist eine Machtpflanze anderer Art: damit konnte ebenso wie mit Petersilie abgetrieben werden, wenn die Zusammensetzung eingehalten wurde (es war stets eine geheime Mischung, zu der es auch römische Kamille und wenig, sehr wenig Eibenrinde brauchte).

Apfel – ist die Frucht der Göttin, der Lebenskraft und der Freude, steht symbolisch auch manchmal für die menstruierende Frau.

Granatapfel – ist von Alters her Symbol der weiblichen Sexualität, der Gebärmutter und der Vagina. Die vielen Darstellungen von Granatäpfeln durch die ganze Geschichte weisen in ihren Zusammenhängen auf die Macht der Frauen hin. Mit der Inquisition verschwindet der Granatapfel fast völlig aus den Darstellungen in unserer Kultur.

Schafgarbe – symbolisiert Wissen der Ahnen und reinigt den Körper von Giften. In der Zeit der Blutung wirkt Schafgarbe auch entkrampfend (zusammen mit Taubnessel und Hirtentäschl besonders zu empfehlen).

Tormentille – steht für die Macht der Frauen in alten Zeiten, vermutlich weil damit zu starke Blutungen gestillt oder gemildert und die Krampfschmerzen gelöst werden können.

Himbeere – steht für die weibliche Lust und Lebenskraft, für Heiterkeit und Hitze (lustvolle Mens).

Rote Saubohne – ist Symbol für die Macht der Göttin, vor allem der Roten Göttin von Babylon oder der Sawuska, beide Erscheinungsformen der Istar.

(Alle erwähnten Pflanzen werden im Kapitel „Schlangenfraß" noch mit Teemischungen und Anwendungen praktisch beschrieben.)

MYTHENGESTALTEN

Truden – stellen Frauen auf die Probe, verwirren und chaotisieren alles. Mit ihnen ist aber gut Kirschen essen.

Phoenix – erinnert die menstruierende Frau daran, daß sie gelegentlich verbrennen muß, um sich zu erneuern, was bedeutet: dem Schmerz, dem Krampf nicht aus dem Weg gehen, sondern durchleben, durchtanzen, rausschreien, um wieder neue Kraft zu bekommen. Kann auch bedeuten: symbolisch ein Bild, etwas Aufgeschriebenes verbrennen und Phoenix anvertrauen.

Drachin – symbolisiert die nicht domestizierbare Wildheit, den Ur-Zustand der Welt, Kommunikation durch alle Poren, das Feuerspucken.

Habergeiß – eine Art Teufelin, die als Spukgestalt auftaucht, immer in Verbindung mit den höllischen Mächten. Sie steht für die Kraft der weiblichen Ur-Religionen, das Nicht-Anpassen, Aus-Ufern, das gewitzte, verschmitzte und spöttische Beobachten.

Wasserfrau – sie symbolisiert das Element Wasser und zieht dich in die Tiefe, bringt dir das Fallenlassen bei.

Waldfrauen – stehen für die Verbindung mit der Natur, das Wissen um Heilpflanzen und Kräuter. Sie symbolisieren auch die Naturmagie.

Frau Tod – in Böhmen auch Tödl oder Tödin genannt, ist die schwarze Alte, die kommt, wenn es Zeit ist, das Irdische zurückzulassen. Sie übt aber auch die alte Gerechtigkeit aus, spielt Betrunkenen Streiche, setzt sich jungen Männern auf den Rücken und läßt sich tragen, bis die halbtot umfallen. Sie sitzt gern in Birnbäumen (Salzburg) oder Apfelbäumen (im Tschechischen).

Die Spinnerinnen – sie hausen meist in Höhlen, verweben die Fäden der Welt, können zaubern und Unmögliches vollbringen. Sie helfen aus der Not, man muß sie aber dafür zum Essen einladen und darf die Verwandtschaft zu ihnen nicht leugnen, wenn nachgefragt wird (sie sehen meist dick und unförmig aus), sonst bringen sie Unglück.

Bärmutter – die mythische Bärin mit dem Sternbild am Himmel symbolisiert die Gebärmutter und wird bei allen Problemen der Mütter und des weiblichen Körpers befragt und zu Rate gezogen.

Großmutter des Teufels/der Drachen – sie ist die uralte Frau im Wald, der du begegnest, wenn du dich verirrst. Die Frau der Kreuzwege, die dir Prüfungen stellt und dir Schätze schenken kann.

KRAFTORTE

Kreuzwege – der Schnittpunkt von Kreuzwegen, am besten Kreuzungen mit drei Wegen, ist oft ein Ort mit starken Energien, besonders wenn Eichen herumstehen. Du kannst dich in die Mitte setzen und die verschiedenen möglichen Wege ausbrüten. An Kreuzwegen fallen Entscheidungen. Manche haben die Kraft, Depressionen und Ängste aufzulösen.

Baumhaine – Hügel oder Wälder, in denen ganze Haine mit gleichen Bäumen angelegt sind, haben gute Schwingungen. Am Starnberger See gibt es einen (vielleicht den letzten) Eiben-Hain. Öfter finden sich Buchenhaine und Ortsnamen, die auf solche deuten. Haine waren früher die Kultstätten der Göttin (bei den Kelten waren es meistens Eichen, in Mesopotamien und Sumer Akazien, Zedern und Zypressen). Hier kannst du Stille und spirituelle Kraft schöpfen.

Quellen – auch aus dem keltischen Kultbereich stammen die Quellheiligtümer, die heute zumeist in Wallfahrtsorte der katholischen Kirche verwandelt wurden. Quellen sind überhaupt, auch ohne Tempel oder Kapellen, Orte großer Kraft und Ruhe. Sie waren der keltischen Göttin Brigid heilig und sind heute oft Aufenthaltsorte der Nymphen. Von Quellen kannst du lernen, loszulassen und ins Fließen zu kommen.

Schalensteine/Reibsteine/Wetzsteine – alle drei Arten von frühgeschichtlichen Kultsteinen hängen eng mit Menstruation und Fruchtbarkeit zusammen. In die Schalen wurde Blut oder auch Getreide, Milch und Honig als Gabe für die Ahnen und Geister gelegt. Reib- oder Wetzsteine waren magische Steine, an denen die Frauen ihre Vagina rieben oder sich darauf setzten, um Krämpfe zu vertreiben, fruchtbar zu werden oder einfach Lust zu empfinden. (Solche Steindenkmäler sind oft in Wanderführern vermerkt.)

Steinkreise – diese alten frühgeschichtlichen Kultorte (auch „megalithisch" von „großen Steinen" abgeleitet) sind immer auf Energieplätzen der Erde angelegt, an denen es starke erdmagnetische Strahlen oder Lays (Energie-Linien) gibt. Alle Steinkreise haben zu der Erdausstrahlung noch eine starke Wirkung durch die Anordnung der Steine. In Cornwall gibt es viele Steinkreise, die mit Mädchen, Jungfrauen oder Frauennamen verbunden sind. Von einem Steinkreis in Süd-Cornwall heißt es noch heute, daß sich dort die Hexen der Gegend treffen, und Spuren von Festen und Treffen sind überall zu sehen. In Steinkreisen kannst du dich aufladen und neue Kraft schöpfen, aber auch in die Frühgeschichte eintauchen.

„Hexen"-Orte/Tanzplätze – bei allen Namen von Bergen, Wäldern, Lichtungen, Hochebenen oder Felsen, in denen „Hexen" und „Tanz" vorkommt, können wir davon ausgehen, daß es alte Frauen-Zeremonienplätze waren, nicht selten

Menstruations-Kultorte. Sie stärken die Kraft im Bauch, und es ist gut, dort zu tanzen, zu zaubern und zu träumen.

Höhlen – der Bauch der Göttin ist die Höhle, auch der Bauch der Erde. Nirgends bist du deinem Bauch näher. Höhlen sind gute Meditations- und Visionsplätze. Versichere dich aber vorher, daß du den Ausgang findest und dir in der Höhle nichts passieren kann. Geh nie allein in eine unbekannte Höhle, es ist ohnehin viel schöner, Höhlen gemeinsam zu feiern. Die Höhlen unserer mitteleuropäischen Gebirge waren fast alle Kultorte der Steinzeit, besondere Funde wurden im Altmühltal, auf der Schwäbischen Alb, im Hagen-Gebirge, in den Dolomiten und im Toten-Gebirge gemacht. Jeder gute Wanderführer erwähnt auch Steinzeitdenkmäler und -kultorte.

Grabhügel – auch Feenhügel genannt, sind Tanzplätze und Höhlen von Tod und Wiedergeburt. Sie sind wie schwangere Bäuche in die Landschaft gesetzt und entsprechen damit der Vorstellung von dem Bauch der Frau als Ort von Leben und Tod. Häufig wurden die Toten in embryonaler Stellung in Tongefäßen begraben, um anzudeuten, daß Tod und neues Leben eng miteinander verknüpft sind.

KRAFTGEGENSTÄNDE / STARKE STÜCKE

Federn – symbolisieren den Flug der Seele, das heißt, das Abheben vom Körper, die Vision, die Meditation der Trancereise. Das Spinnen von Traumbildern, das spirituelle Kontaktaufnehmen mit den Ahninnen.

Muscheln – versinnbildlichen das weibliche Geschlecht und werden von Frauen in fast allen Kulturen zur Stärkung ihrer Lust/Fruchtbarkeit, zum lustvollen Feiern der Bauch-Kraft verwendet.

rote Steine – stehen für das Menstruationsblut der Frauen, insbesondere der Hämatit (Blutstein), der stark eisenhaltig ist (und Eisen fehlt vielen menstruierenden Frauen) und rotes Pulver gibt, wenn man ihn reibt. Gute Menstruationssteine sind außerdem: Karneol und rote Koralle, Rubin, Granat, roter Kieselstein und auch der Bernstein. Alle diese Steine sind Kraft-Steine. Sie werden zur Linderung von Menstruationsschmerzen oder bei unregelmäßiger, unangenehmer Monatsblutung in Ketten um den Hals getragen oder in die Vagina gelegt (was sehr lustvoll ist).

Wollfäden – mit roten und gelben Wollfäden, die du um einen

Gegenstand wickelst oder miteinander verflechten kannst, werden Menstruations-Zauber geknüpft. Da wir davon ausgehen können, daß Frauen in der Zeit ihrer Blutung besondere Kräfte haben, ist diese Zeit auch besonders günstig, Dinge zu binden, zu bannen, zu lösen (alles was gebunden und gebannt wird, muß aber irgendwann gelöst werden).

Kessel/Kürbisschale – symbolisiert den Bauch der Frau und die Kraft im Bauch. Darin kann alles „bekocht", also auch besprochen, verwoben, bezaubert werden, was „ansteht".

Lehm/Ton – symbolisiert die Erde, damit kannst du sichtbar gestalten, was du im Unsichtbaren an Magie wirken willst. Du kannst dir kleine Menstruationspuppen oder Gefäße oder auch kleine Perlen für eine Fetischkette formen und brennen.

Steine und Wurzeln in Form einer Vagina – es liegt auf der Hand, daß solche Formen die weibliche Lust verkörpern und dich daran erinnern.

Meteorsteine – symbolisieren die außerirdische Kraft, auch die Kraft der Unterwelt. Sie vermitteln die Fähigkeit, Schwingungen zu entschlüsseln. Sie verfeinern die Wahrnehmung.

Menstruationsblut – auf Stoff, Stein oder Papier bedeutet eine Kraftübertragung, versiegelt einen Zauber oder verstärkt eine Entscheidung, einen Wunsch. Du kannst deine Töchter damit schützen und auch deine Schwelle vor unliebsamen Besuchern. Mens-Blut ist Abwehrzauber und starke Energie. Bemalung mit Blut verändert jedes Ritual (nur Frauen, die sich gut kennen oder spontanes Vertrauen zueinander haben, sollen Blut-Feste miteinander feiern, da wird viel Energie frei und damit mußt du umgehen lernen).

Trommel – Trommelrhythmus kann den Körper und die Seele verstören, aber auch in wunderbare Trancezustände bringen. Es gibt eigentlich nur zwei Frauen, deren Trommel für mich magisch ist. Maria Schiran ist die Schamanin der Trommel überhaupt, und Franca Wechsler ist ein trommelnder Derwisch. Ich wünsche mir immer, daß Frauen, die trommeln, von ihnen lernen (natürlich kenne ich nicht alle Frauen, die trommeln, ihr werdet schon wissen, wer für euch die magische Trommlerin ist). Menstruationstänze mit gutem Trommelrhythmus lösen Krämpfe und Verspannungen; je breiter die Beine und je tiefer du in die Knie gehst, um so entspannter ist der Bauch.

Opal – symbolisiert Zauberkraft und Geheimnis. Es heißt aber bei allen mythischen Beschreibungen des Opals, daß seine Kraft dunkel und tief ist und daß sich gefährdet, wer nicht damit umgehen kann. Für mich ist der Opal ein wirklicher Zauberstein und steht in enger Verbindung mit der besonderen Menstruationsenergie, die ja auch in die Tiefe ziehen kann.

DIE ELEMENTE

Feuer – Menstruationsblut entspricht dem feurigen Wasser. Mit Feuer kannst du dich symbolisch reinigen (z. B. über ein Feuer springen oder eine Binde mit Blut verbrennen, um bestimmte Gefühle loszuwerden oder umzuwandeln). Feuer ist auch Wärme, und die brauchen die meisten Frauen in ihren Tagen: Wärmflaschen, warme Decken, warme Socken und liebevolle Kommunikation.

Wasser – das Bluten symbolisiert das Fließen: reinigen durch Loslassen und Auslaufen. In der Realität kommt Wasser in Form von Tee und warmen Getränken gelegen. Mir hilft oft gegen das schwammige Auflösungsgefühl ein Abreiben mit kaltem Salzwasser vor dem Zubettgehen. Schön ist auch ein Ölverdampfer, denn der Geruchssinn ist in der Zeit besonders entwickelt.

Erde – symbolisiert das „Sich-Erden" und mit beiden Beinen auf dem Boden stehen. Stampfen und Tanzen gibt eine erdige Kraft während der Blutungszeit. Im Sommer ist es wunderbar, sich irgendwo bis zum Hals in Sand einzugraben oder sich tief auf den Boden zu kauern, um in die Erde zu bluten.

Luft – symbolisiert in dieser Zeit das Träumen und Spinnen, das in der Hauptsache über Atem und Gerüche angeregt wird. Die meisten Frauen leiden während der Menstruation an einer Sauerstoff-Unterversorgung. Sie atmen aus Angst vor Bauchkrämpfen oder Schmerzen (auch im Rücken) nicht mehr tief durch und verstärken so die Beschwerden, ohne sich dessen bewußt zu sein. Bewußt Gerüche einsetzen, um sich gut zu fühlen, und bewußt tief atmen, um sich Luft zu machen, ist ein sehr gutes Heilmittel.

GUTE GERÜCHE

Kampfer-Öl – wirkt erheiternd, antidepressiv, hilft dir, durchzuatmen, ist nicht sehr duftintensiv, das heißt, es wird dir nicht schlecht davon.

Wacholder – baut die Spinnweben des nicht-stofflichen Körpers wieder auf, heilt die unsichtbaren Schichten, wirkt beruhigend auf sehr starke Blutungen.

Eukalyptus – eine klare, unerbittliche Energie, die Strukturen ins Chaos bringt. Sehr duftintensiv und nur robusten Frauen empfohlen, die sich erfrischen wollen.

Benzoe – das Öl wird aus einer Wüstenwurzel gewonnen, und der Geruch bringt Sonne in den Bauch, wärmt, macht froh. Sehr duftintensiv, daher vor dem Notfall ausprobieren.

Lavendel – regt Frauen an, die schwach bluten oder unregelmäßige Blutungen haben. Ein guter Geruch zum Träumen und Spinnen. Ist nicht sehr duftintensiv.

Orangenblüte – ein Ausflug der Seele zur Sonne, riecht nach Kindheit und Geborgenheit, ist nicht übermäßig duftintensiv und sehr wohltuend.

Pfefferminze – läßt den Geist abheben („Reisedroge", in der Wüste wird der Pfefferminztee so stark zubereitet, daß er halluzinogen wirkt). Verstärkt die Blutung, regt den Fluß an und ist sehr duftintensiv.

Rose – die reine Rosenölessenz ist schier unerschwinglich teuer, sie hebt die Seele in den Himmel und duftet wunderbar. Der Geruch gibt dir ein harmonisches, gutes Gefühl und versöhnt dich mit deinem aufgewühlten Bauch. Regt auch den Blutfluß an.

Rosmarin – kräftigt Körper und Geist, regt die Blutung an, macht wach und lustig und stabilisiert die Seele, die zu leicht ist und wegtreibt. Es ist von mittlerer Duftintensität, nicht aufdringlich. Rosmarin kann auch Ekelgefühle vertreiben.

Basilikum – regt die Blutung an, weckt die Lebenskraft und vertreibt Gefühle von Hilflosigkeit. Die Duftintensität ist ziemlich stark und manchmal ist eine Mischung mit Kampfer oder Wacholder nicht schlecht.

Melisse – weckt die Phantasie und die Träume und schwingt im Gleichklang mit dem Bauch. Melissenöl mit Lavendelöl und Orangenöl vermischt und einem Trägeröl wie Avocado oder Mandel ist ein guter Trance-Begleiter.

Zimt – macht die Seele warm und weckt ein Gefühl von Geborgenheit. Ist sehr duftintensiv und erinnert dich natürlich sofort an Weihnachten.

Thymian – ein strenger Geruch, selbst als Öl wirkt Thymian astringierend und keimtötend. Dieser Duft hilft dir, wenn du zu sehr zerfließt und ausuferst, wenn du deine Häute wieder zusammenraffen und bei dir bleiben willst. Therapiert zusätzlich Erkältungs- und Bronchialleiden.

Kamille – wird gern überschätzt in ihrer Heilwirkung, sie wirkt beruhigend, als Dampf im Raum besänftigt sie die Nerven und gibt ein warmes Gefühl.

Ysop – ein fast vergessenes Kraut, dessen Öl kräftigend und ermunternd wirkt, zudem ist es keimtötend und reinigt den Raum.

Alle Öle können in einem Öl-Verdampfungsöfchen mit Wasser auf einem Teelicht verdampft werden oder in einem Topf mit heißem Wasser. Sie können aber auch mit einem Trägeröl wie Avocado- oder Mandelöl gemischt und auf die Haut aufgetragen werden. Vorsicht: es gibt Allergien auf bestimmte Öle, und du darfst nie zuviel essentielles Öl verwenden, da du dir sonst die Haut verbrennst. In eine Flasche mit 50 ml Trägeröl gehören vielleicht fünf bis zehn Tropfen essentielles Öl (je nach Stärke, frag den Apotheker oder die Apothekerin!). In ein Bad solltest du nicht mehr als fünf oder sechs Tropfen essentielles Öl geben; in einen Wasserdampf (Gesicht über dem Wassertopf) nur drei bis vier Tropfen.

Essentielle Öle gibt es in homöopathischen Abteilungen von Apotheken und in Bio-Läden. Nimm niemals chemisch hergestellte Duftöle.

TRAUM-REISEN

Wichtiger noch als Menstruationsräume sind spirituelle Räume, in die wir uns zurückziehen können, wenn uns die Welt auf die Füße tritt. Gerade in der Zeit der Menstruation ist es gut, Trance-Räume, also Phantasie-Räume zu kennen, die Wohligkeit, Lust, Geborgenheit vermitteln. Während der Blutung ist zudem die Fähigkeit stärker als sonst, abzuheben und die Seele fliegen zu lassen, um mit den Ahninnen, den alten mythischen Wesen, den Drachen oder mit den eigenen spirituellen Kräften in Verbindung zu kommen.

Ich gebe hier vier Beispiele von Trance-Räumen, ihr könnt euch selbst Räume schaffen oder eigene Bilder entwickeln. Vor jeder konzentrierten Phantasiereise steht eine gute körperliche Entspannung, ja, sie ist eigentlich Voraussetzung dafür, daß sich die spirituelle Leichtigkeit entwickeln kann, die du zum Spinnen und Träumen brauchst. Kinder können das ohne jede Technik. Und wenn du Fieber hast, wirst du merken, wie schnell deine Seele fortdriftet und sich frei macht. Hier eine Entspannungsübung, die beim „Abheben" hilft:

Von den Zehen über die Fußsohlen und Knöchel, über die Waden, Knie, Oberschenkel, das Gesäß, den Bauch, die Vagina, die Gebärmutter, alle inneren Organe, die Brüste, die Finger, die Hände, die Arme, die Ellbogen, die Oberarme, die Schultern, die Kehle, den Nacken, die Wirbelsäule und alle Rückenmuskeln, Unterkiefer, Ohren, Kopfhaut, Mund, Zunge, Wangen, Augen und alle Muskeln um die Augen, Nase, Stirn, Gehirn, Scheitel, stellst du dir deinen Körper vor und sagst zu jedem Teil deines Körpers: ist ganz entspannt und ganz locker. Du benennst Stufe um Stufe alle deine Körperteile und sagst, daß sie entspannt und locker sind. Jemand kann das für dich sprechen, zum Beispiel mit dem Reim meiner Freundin Wilfriede: „Deine Füße sind jetzt entspannt und schwer, du spürst sie nicht mehr."

Wenn der ganze Körper so entspannt ist, konzentrierst du dich ganz auf deinen Atem: Er fließt ruhig durch den Körper, du atmest ein, und ein prickelndes Gefühl geht durch alle Zellen wie eine Sauerstoffdusche. Atme so lange ruhig ein, bis du merkst, wie der Körper leichter, unauffälliger wird, deiner Aufmerksamkeit entschwindet. Du hast das Zimmer, in dem du arbeitest, vorher gut gelüftet, vielleicht ein Duftöl in den Ölverdampfer gegeben. Laß diese Ruhe auf dich wirken, gib dem Körper die Zeit, mit dem Duft zu arbeiten, zu entspannen und zugleich mit guten Impulsen umhüllt zu werden. Du hast das Telefon ausgehängt, die Türklingel blockiert, ein Schild an die Tür gehängt: „Nicht stören, ich träume", oder wie meine Tochter Walli: „Nicht eintreten. Lebensgefahr." Jetzt bist du ruhig und entspannt und kannst dir den Tranceraum suchen, bauen oder spinnen, den du zur Zeit deiner Menstruation am meisten brauchst.

LUFT

Stell dir vor, du liegst in einer Wolke. Sie ist weich und zart. Du liegst wie in Watte. Die Wolke schwebt über einer Sommerwiese, du riechst den Duft des Heus (wenn du Heuschnupfen hast, kannst du das vergessen), versuche, einzelne Gerüche zu erkennen, zum Beispiel Pinien und Tannen, Wildkräuter, Kuhmist usw.

Dann treibst du langsam auf das Meer zu. Rieche den Tang, den herben Geruch des Meeres, höre die Schreie der Möven.

Bald treibst du über dem offenen Meer, der Wind schaukelt dich, macht eine seltsame Musik mit dem Wasser, er pfeift und summt.

Du kannst die Wolke zu den Orten dirigieren, die du besonders liebst. Schau sie dir von oben an, stell dir einen Vogel vor, der dich begleitet, der sich zu dir setzt oder dich vielleicht sogar auf den Rücken nimmt.

Wenn du aus dieser Trance zurückkehrst, laß dich sanft absetzen, stell dir ein Summen von Stimmen vor, vielleicht auch Bienen, Fliegen oder eine Windharfe, deren Saiten vom Wind klingen (das ist auch in der Realität etwas Wunderbares).

Wenn du wieder in den Körper zurückgehst, bewege zuerst deine Zehen, Füße, Beine, Finger, Hände, Arme. Strecke dich, gähne, ziehe Grimassen, lege deine Hände auf den Bauch und laß dir Zeit zum Nach-denken.

ERDE

Entspanne dich, wie beschrieben. Schließe die Augen, atme wie bei der Luft-Trance.

Stell dir vor, du gehst auf einem Weg durch eine Landschaft. Du selbst formst diese Landschaft. Ganz wie du sie willst, wie du sie brauchst. Der Weg wird abschüssig, führt einen Hügel hinunter, zu einer Schlucht. Vor dir ragt ein Fels auf. Mitten im Felsen ist eine Höhle. Du steigst hinauf, in die Öffnung der Höhle. Nach einem ziemlich engen Einstieg kommt ein größerer unterirdischer Raum, der nicht ganz dunkel ist, weil durch ein Loch in der Felswand etwas Licht fällt (wenn du den Raum ganz dunkel haben willst, dann stellst du ihn dir ganz dunkel vor. Dies ist nur ein Vorschlag.) Schau dir nun die Wände der Höhle an. Was siehst du? Sind da Edelsteine? Onyx? Opal? Granate oder Rubine? Gestalte die Höhle, wie du sie brauchst. Wie ist sie ausgestattet? Dies ist deine Menstruationshöhle, es gibt dort wunderbarerweise alles, was du jetzt gerade brauchst. Alle Speisen und Getränke, die du dir erträumst, die Wesen, die du dorthin rufen willst. Versuche, wenn du das willst, das Wesen, das du suchst, zu rufen. Oder warte, wer dich in der Höhle besucht. Merke dir jede Einzelheit und vergiß auch nicht, dir nachher alles aufzuschreiben, denn so kommst du an deine geheimsten Wünsche und Bedürfnisse.

Die Menstruationshöhle ist für mich ein Raum, in dem ich mir alles erlauben kann, was die Realität abschleift, in der ich zerfließen, sinnlich aus-ufern, lernen, schauen, riechen und fressen kann – wie ich nur will. Besuch kommt oft und ist gern gesehen. Was du dort nicht haben willst, wirfst du kurzerhand hinaus, denn über die Orte deiner Trance bestimmst allein du, und niemand kann dich beherrschen. Manchmal kommen Ahninnen und erzählen, das ist wunderschön.

Wenn du aus der Trance zurückkehrst, verabschiede dich in dem Bewußtsein, daß du jederzeit zurückkommen kannst. Halte nichts fest.

Kehre in deinen Körper zurück, wie bei der Luft-Trance beschrieben.

FEUER

Im Zusammenhang mit Feuer weise ich auf die Inquisitionsfeuer des Mittelalters hin. Es ist vielleicht wichtig, diese Feuer einmal in einer Phantasiereise zu erfahren (mit zuverlässiger, guter Führung einer Freundin, der du vertraust). Macht euch aber auch klar, daß nicht alle Frauen in irgendeinem Leben immer nur Hexen, Priesterinnen, Königinnen und Heilerinnen waren – die Versuchung ist groß, doch laßt auch einmal andere Vorstellungen zu, die andere Erlebnisräume öffnen (wie wär's mit Schweinemagd im Gesindehaus am gemeinsamen Feuer?).

Entspanne dich, wie beschrieben. Dein Weg ins Feuer geht zur Drachengroßmutter, die jenseits des Weltenflusses zwischen Himmel und Erde wohnt.

Diese Reise beginnt mit einer Bootsfahrt über den Weltenfluß. Er ist grau, hat keinen Anfang und kein Ende, kein Ufer, keine Fische, keine Vögel. Felsen tauchen in der Ferne auf, drei pyramidenartige Felsen. Hinter ihnen kräuselt sich Rauch in die Luft.

Du steigst aus dem Boot und gehst an Land. Wie ist das Ufer? Wie siehst du die Felsen? Was empfindest du? Wonach riecht es? Ist es warm oder kalt?

Dann gehst du um die Felsen herum. Dort steht eine uralte Frau. Sie rührt in einem Kessel. Wie sieht sie aus? Wie ist sie gekleidet? Ist sie ein Mensch? Halb Mensch, halb Tier? Schau sie dir genau an. Dann schau dir den Kessel an: Er steht auf einem Feuer, das von einem kleinen Drachen aus den Nüstern angeblasen wird.

Wie ist der Kessel? Was ist darin? Was kocht da? Was willst du da kochen? Was willst du im Feuer verbrennen oder reinigen?

Merke dir gut, was du erlebst. Verabschiede dich in dem Bewußtsein, daß dir auch dieser Ort jetzt jederzeit zur Verfügung steht. Daß du hier Rat und Hilfe und Reinigung finden kannst.

Vielleicht magst du mit dem Drachen zurückfliegen? Geh in deinen Körper zurück, wie beschrieben.

WASSER

Entspanne dich, wie beschrieben. Denk zuerst ein wenig über das Wasser nach, während du ruhig atmest und vielleicht Lavendelöl oder dein Lieblingsöl verdampfst. Jetzt fühlst du dich ruhig und gut.

Heißt Wasser für dich oft: in Tränen ertrinken? Hast du als Kind ins Bett gemacht? Belastet es dich? Laß es zu, erlaube dir alles, was du ins Fließen bringen willst. Fühle dich in deine Körperflüssigkeiten ein.

Stell dir vor, du treibst federleicht auf einer Wasserfläche.

Vielleicht willst du dich in eine Robbe oder einen Walfisch oder einen Delphin verwandeln?

Jedenfalls tauchst du, wenn du soweit bist, ins tiefe Meer. Nun sieh dir die Farben an, beobachte alle Fische, du hast im Wasser keine Feinde, die Haifische grinsen dich an, alle wissen, daß du kommst, um dich zu heilen, und sind dir freundlich gesonnen. Tauche so tief, wie du Lust hast. Stell dir jetzt eine riesige, schillernde Muschel vor. Schau sie dir genau an, die Farben, die Formen, setz dich in die Muschel, höre, wie sie rauscht und summt, sie spiegelt alle Töne des Meeres in Farbe und Gesang wieder.

Wer besucht dich in deiner Muschel? Merke dir ganz genau, wie diese Muschel oder Grotte oder Meereshöhle aussieht. Suche eine Begegnung mit den Wesen der Tiefe. Laß Bilder wie Wasserblasen hochblubbern. Was zeigen sie dir?

Wenn du genug hast, schwimm wieder hoch oder laß dich von einem Fisch oder Delphin tragen. Kehr in deinen Körper zurück, wie beschrieben.

REISE IN DEN BAUCH

Entspanne dich, wie beschrieben. Diese Reise ist etwas für Frauen, die es genau wissen wollen. Denn viele ekeln sich vor dem blutigen Bauch. Es ist aber wunderschön, den eigenen Bauch von innen zu sehen und zu erleben.

Du stellst dir vor, wie du kleiner und kleiner wirst. Du siehst dich auf dem Bett oder auf dem Boden liegen, mit leicht geöffneten Beinen.

Jetzt bist du klein genug, so daß du zwischen den Lippen der Vagina einsteigen kannst. Die Wände sind dunkelrot, rosa, bräunlich, schau dich genau um, berühre die Haut. Geh nun langsam in den dunklen Gang, der zur Gebärmutter führt. Taste dich vorwärts. Überall tropft Blut von den Wänden, und kleine Rinnsale laufen unter deinen Füßen durch den Gang nach außen. Der Raum wird weiter und bequemer. Bald kannst du aufrecht stehen. Du befindest dich jetzt in der Gebärmutter. Schau dir genau die Wände an, den Boden, das Blut, das von der Decke und den Wänden läuft. Summe Töne und höre auf die Echos. Lege dich auf den weichen, samtigen Boden deiner Gebärmutter und höre auf das Schlagen des Herzens, auf die Geräusche in den Verdauungsteilen des Körpers. Schau dir an, wo dein Bauch verkrampft und wo er weich und locker ist.

Wenn du dich genug umgesehen hast, laß dich mit dem Menstruationsblut aus dem Bauch tragen. Stell dir vor, wie du wächst, größer wirst und schließlich wieder in deinem Körper bist. Beende die Reise, wie schon bei der Wolken-Trance beschrieben.

ÜBUNGEN UND TÄNZE FÜR BAUCH UND BLUT

Unsere Ahninnen waren so schlau zu wissen, daß Schmerzen und Spannungen am besten vergehen, wenn wir sie austanzen. Das gilt in hohem Maß für die Menstruation, denn der Bauch will sich entspannen, und das tut er am besten, wenn andere Muskeln arbeiten. Was für die Schamanentänze, die Einweihungstänze der Indianer, die Tarantella in Italien und die Bacchanalien stimmte, nämlich lustvoll bis zum Umfallen zu tanzen und dadurch eine wichtige Erfahrung zu machen, stimmt auch während der Menstruation. Es mag dir nicht immer zum Tanzen zumute zu sein, du MUSST ja auch nicht tanzen und springen. Wenn dir aber danach ist, hier sind ein paar gute Übungen, in vielen Jahren mit vielen Frauen erprobt, die dir gut tun könnten.

Ausgangspunkt war für mich sowohl der Tanz der Mänaden (siehe auch das Buch „Mond Tanz Magie") als auch die Bacchanalien, die zwar nach Bacchus, dem Weingott benannt, offenbar im Mythos aber viel älter sind. In „Womanspirit" von Frühlings-Tag-und-Nachtgleiche 1981 ist ein Fest beschrieben, das mich auf die Spur brachte: die Anthesterien, bei denen die griechischen Frauen die menstruierende Göttin feiern, auch die neu erwachende Fruchtbarkeit der Erde und der Frauen, denn es ist ein Frühlingsfest. Es ist gut zu tanzen, wenn der Bauch tobt!

ATMEN

Die Umarmung des Mondes: Stell dich mit beiden Beinen hüftbreit hin, geh leicht in die Knie und zieh das Becken ein, so daß der Rücken gerade ist. (Das ist die Grundhaltung aller Tai chi Atemübungen.) Die äußeren Beinmuskeln sind angespannt, dadurch sind alle Muskeln am Innenbein und um die Vagina entspannt. Hebe beim Einatmen beide Arme, mit den Handflächen nach unten, über den Kopf. Mit dem Ausatmen beschreibst du vor dem Körper einen Kreis, als wolltest du den Mond vor deinem Bauch umarmen. Dann hebst du die Hände wieder, als würdest du vor dem Körper Wasser schöpfen, und läßt es mit dem

Ausatmen etwa in Schulterhöhe wieder fließen und dabei die Hände und Arme sinken. Also Einatmen: die Arme locker hochheben, Ausatmen: die Umarmung des Mondes; Einatmen: die Hände schöpfen Wasser; Ausatmen: die Hände sinken nach unten und gießen das Wasser wieder aus.

Kauern: Du kennst sicher das Ein- und Ausatmen im Turnverein. Ein: Arme hoch, aus: Arme und Körper nach unten fallenlassen, fertig.

Diese Übung geht nun genau umgekehrt. Oberkörper und Arme knicken langsam bis zur Hüfte nach unten: EINATMEN; dann sinkt der ganze Körper in die Hocke und zwar soweit, wie du noch auf den Fußflächen ganz am Boden stehst (nicht auf die Fußspitzen gehen!): AUSATMEN; wenn die ganze Luft wie bei einer Ziehharmonika aus dem Körper gelassen ist, stößt du noch einmal kurz durch die Nase die Restluft aus. So. Jetzt ist der Körper von der schlechten Luft befreit (ausatmen ist nämlich viel wichtiger, denn wenn keine Luft mehr im Körper ist, atmet er ganz von allein wieder ein). Nun ziehst du den Atem beim EINATMEN in den Rücken, indem du mit dem Oberkörper unten bleibst und die Beine und den Po nach oben streckst, du stehst jetzt wieder mit den Beinen gerade, und der Oberkörper ist vornüber zum Boden gebeugt, und im AUSATMEN richtest du den Oberkörper wieder senkrecht auf.

Also: Einatmen: nach vorn knicken mit Oberkörper und Armen. (Langsam) Ausatmen: Den ganzen Körper wie eine Ziehharmonika in die Hocke drücken, Sohlen fest am Boden. Einatmen: Oberkörper bleibt vorn, Beine strecken sich. Ausatmen: Oberkörper richtet sich langsam wieder auf.

Sowohl die Umarmung des Mondes als auch das Ziehharmonika-Kauern sind sehr gut für den Bauch, der zusammen mit dem Rücken viel Sauerstoff bekommt.

Eine Übung, die bei Rückenschmerzen während der Blutung, aber auch sonst wohltuend ist (denn bei Rückenschmerzen sind meist die Bauchmuskeln zu schlaff, und das Geflecht der Bauchmuskeln kann den Rücken nicht entlasten):

Du atmest im Stehen, leicht in die Knie gehend und die Beine etwa hüftbreit gestellt. Einatmen: Bauch aufblähen. Ausatmen: Bauch ganz zum Rückgrat drücken. Wenn keine Luft mehr drin ist, ohne Atem den Bauch nach innen ziehen unter den Brustkorb, da entsteht so eine Art Vakuum, das hältst du, bis der Körper dich zwingt, tief Luft zu holen.

Atemübungen sollten vor allen Ritualen und Körperübungen gemacht werden, wir vergessen's zwar schnell, aber der Körper braucht in allen Zellen SAUERSTOFF und zwar viel davon.

ÜBUNGEN FÜR DEN BAUCH

Kreisen: Stell dich breitbeinig hin, Sohlen fest am Boden (übrigens gilt das für alle von mir beschriebenen Übungen, wenn nicht ausdrücklich etwas anderes gesagt wird, denn das Erden, der Kontakt zur Erde ist für den Bauch sehr wichtig). Beschreibe jetzt weit ausladende Kreise mit dem Bauch, geh dabei in die Knie, dann können sich die Hüften besser bewegen.

Stell dir beim Kreisen von Bauch und Po vor, daß du in einer riesigen Schüssel stehst und sie mit deinem Bauch, deinen Hüften und deinem Po kreisförmig auswischst.

Du kannst auch mit deinen Hüften Achten schwingen: eine Hüfte vor, nach außen, nach hinten und wieder vor, dann die andere vor, nach außen, nach hinten und wieder vor. Jede Halbkreisbewegung der Acht fängt vorn an, geht nach hinten und wieder zur Grundstellung des Körpers.

Mach diese beiden Übungen so locker, wie du nur kannst, streng dich nicht dabei an, sonst ist der Entspannungseffekt dahin. Wenn dir die Acht zu kompliziert ist, wiege einfach ganz weich die Hüften nach rechts und nach links. Dem Bauch(weh) tut alles gut, was sich weich und lustvoll bewegt und die Muskelspannung an der Außenseite der Beine hat.

Beckenkippen: Kipp ganz locker, in der üblichen Grundstellung, das Becken mehrmals nach vorn und nach hinten, das heißt, daß du den Po nach hinten richtig ausfahren mußt. Denk dabei nicht, daß es obszön ist. Denn: je obszöner die Bewegung ist, um so besser tut sie dem Bauch.

Wenn dir diese Bewegungen – mit der Zeit – leichter fallen, kannst du sie in Schritte vorwärts umsetzen. Daraus können jede Menge schöner Tänze werden!

STAMPFEN

Das Stampfen auf der Erde ist der Grundschritt aller Menstruationstänze und Rituale. Du kannst es allein machen, aber schön ist es auch mit hundert Frauen, die in einem gleichmäßigen, ruhigen Rhythmus immer von einer Sohle auf die andere stampfen. Werdet nicht schneller, wenn es lauter wird. Ihr könnt euch Glöckchen anbinden (z. B. an den linken Fuß), dann spürt ihr die Veränderung des Rhythmus stärker.

Zu dem einfachen Stampfen kommt die Stimme: links, rechts und ein tiefes „WHA", das kommt aus dem Bauch, wird durch das Stampfen aufgebaut und ist ein ganz satter Laut, etwa wie Ha oder WHA. Das ergibt dann einen Dreierrhythmus: links, rechts, WHA.

REINIGUNGSRITUAL

Alle Frauen stehen an einer Seite des Raums. Immer zwei oder drei gleichzeitig stampfen durch den Raum: beide Arme werden vor dem Körper hochgezogen, drohend, wie zum Zuschlagen oder Abwehren bereit. Schritt: die Arme und Hände werden zu einer Abwehrbewegung mit einer ganz bestimmten, entschlossenen Konzentration nach vorn gestoßen, dabei läßt du jeden Laut zu, der hochkommt.

Also: Hochziehen der Arme, Konzentration, dann Schritt und Arme und Hände abwehrend/Kraft nach vorn gerichtet.

Diese Übung kannst du auch als Sprung machen: breitbeinig stehen, Sohlen fest am Boden, Arme vor dem Körper gekreuzt nach oben ziehen und: „WHA"-Sprung. Es kann ähnlich wie bei den östlichen Kampfsportarten aussehen.

REINIGUNGSÜBUNGEN

Windmühle: Du stehst etwa hüftbreit, leicht in die Knie gehen, mit jedem Kippen des Beckens nach vorn schwingen beide Arme in entgegengesetzte Richtung am Körper vorbei nach oben.

Also: Beckenkippen und dabei rechter Arm von hinten oben – am Körper vorbei – nach vorn oben, gleichzeitig linker Arm von vorn oben – am Körper vorbei – nach hinten oben.

Schulter über die Achse kreisen: Beide Schultern kreisen in entgegengesetzter Richtung, linke nach vorn, rechte gleichzeitig nach hinten. Die Vorstellung ist, daß ein Stock durch die Schulter gezogen ist, um den herum die Schultern entgegengesetzt kreisen.

Also: linke Schulter ist hinten unten, rechte ist vorn unten, beide Schultern werden hochgezogen, die linke geht über die Achse nach vorn, die rechte über die Achse nach hinten, beide werden wieder gesenkt, unter der Achse durch, die linke nach hinten, die rechte nach vorn. Klingt kompliziert, aber die Idee mit dem Stock macht's normalerweise einfach.

Diese Übung nimmt den Frauen das Über-Gewicht von den Schultern, daß sie meist zu tragen haben und sich deshalb im Bauch verkrampfen.

Kröte: Auf den Boden kauern wie eine Kröte, ganz in der Hocke, Fußsohlen auf dem Boden, dann entweder schnell wie ein Frosch oder träge wie eine Kröte den Körper hochstrecken und wieder in die Hocke gehen. Löst Bauchkrämpfe und zieht viel Sauerstoff in den Bauch.

Wenn dir das alles zu anstrengend ist, legst du dich bequem ins Bett, machst es dir schön warm und öffnest die Beine und stellst dir vor, daß du durch die Vagina atmest.

KRAFTRITUALE

Kraft konzentrieren: Alle Frauen bilden einen Kreis. Das Stampfen beginnt: links, rechts, links, rechts. Dann den Dreierrhythmus aufbauen: links, rechts, WHA, links, rechts, WHA. Diesen Rhythmus halten, immer weiter, immer weiter. Wenn er sich richtig gut und stark eingependelt hat, langsam die Stampfschritte zur Mitte machen. Alle Frauen bewegen sich zur Mitte, bis sie ganz eng zusammenstehen und die Stampfschritte immer noch im gleichen Rhythmus, aber ganz eng gemacht werden, links, rechts und mit der ganzen Kraft aus dem Bauch WHA. Einige Zeit wird die Energie in der Mitte konzentriert, dann drehen sich alle nach außen, stampfen im gleichen Schritt nach außen und dreimal im Kreis herum. Der Rhythmus bleibt bis zum Schluß der gleiche, wird immer leiser, die Bewegungen werden immer sanfter, bis alle stehen.

Summkreis: Alle Frauen liegen im Kreis, jede hat ihren Kopf zwischen den Beinen der nächsten im Schoß, eine Frau hinter der anderen. Wenn der Kreis ganz geschlossen ist, fangen alle an tief zu summen, ein Summkreis von Bauch zu Kopf zu Bauch zu Kopf entsteht. (Danke Christa-Maria!)

Wiege: Eine Frau, die Bauchschmerzen hat oder sich einfach entspannen will, wird von zwei Frauen hin und her gewiegt. Die beiden Frauen stehen sich gegenüber und wiegen den Körper der Frau hin und her. Sie muß mit den Füßen immer fest auf dem

Boden bleiben, kann sich aber entspannen und den Körper ganz den beiden Frauen hingeben.

Rückenverstärkung: Je zwei Frauen lehnen sich weich mit durchgedrückter Wirbelsäule Rücken an Rücken und reiben Rükken und Po sanft aneinander, auch die Nacken und Köpfe, die aneinander vorbei gern auf die Schulter sinken. Lange auskosten!

TANZRITUAL

Alle Frauen treffen sich in einer wunderbar heißen Nacht im Freien oder in einer kalten Nacht in einem großen, ungestörten Raum, der einiges aushalten kann. Jede bringt ihr Menstruations-Amulett mit oder eine Kraftkette oder ein Fetzenkleid oder sonst etwas, das für sie die Menstruationskraft versinnbildlicht.

In der Mitte des Kreises wird ein Altar für die Kraft des Menstruationsblutes aus Tierfellen, Federn, Steinen, Geflechten, Blüten, Blumen, Früchten, Samen, Bildern, Fetischpuppen, Tonfiguren oder sonstigen Gegenständen aufgebaut, die für euch diese Energie symbolisieren.

Die Frauen, die dieses Ritual tanzen, müssen nicht unbedingt alle menstruieren, es geht hauptsächlich darum, diese Kraft zu feiern.

Alle Frauen bemalen sich und schmücken sich, wie sie Lust haben. Aus den ganzen Vorbereitungen ist klargeworden, daß das Fest mindestens am Nachmittag, wenn nicht schon am Morgen beginnen muß, damit ihr euch wirklich genüßlich vorbereiten könnt.

Jede Frau hat außerdem etwas zu Essen mitgebracht. Früchte, Gemüse, selbstgebackene Brote (Anregungen gibt's einige im Kapitel „Schlangenfraß"). Natürlich müßt ihr auch für Getränke sorgen, denn sicher werdet ihr durstig werden.

Wenn alle Vorbereitungen abgeschlossen sind, das Essen schön aufgebaut und der Altar in der Mitte hergerichtet ist, bilden die bemalten, geschmückten Frauen einen Kreis. Alle nehmen sich an den Händen. Dann ruft jede in den Kreis, welche Energie sie einbringt, welche wichtigen Gedanken, welche Kraft oder Schwäche.

Vier Frauen im Kreis sind der jeweiligen Himmelsrichtung zugewandt. Die nach Osten gewandte Frau (vorher wird vereinbart, wer das ist) ruft:

Ich rufe dich, Frau des Ostens, klare Luft, Wind, Intuition, Hüterin der Gedanken.

Die Frau im Süden ruft:

Ich rufe dich, Frau des Südens, Hitze, Feuer, Brodelnde, Kochende, Hüterin des Kessels.

Die Frau im Westen ruft:

Ich rufe dich, Frau des Westens, sanfte Kraft, Wasser, Meerestiefe, Hüterin der bitteren Wasser, der süßen Quellen und des Blutes.

Die Frau im Norden ruft:

Ich rufe dich, Frau des Nordens, Dunkelheit der Nacht, Erde, warmer Schutz, Hüterin der Höhlen und der Berge.

Jetzt werden die vier Elementeschwestern mit Schreien, Zirpen, Zwitschern, Brüllen, Knurren, Bellen, Schnurren, Jaulen, Zischen und Summen gelockt.

Dann warten alle.

Nun fängt eine Frau zu stampfen an, links, rechts, und bewegt sich langsam links herum im Kreis, alle anderen Frauen auch. Der Kreis stampft sich ein, es wird dazu mit der Stimme und den Händen der Rhythmus verstärkt, schön ist, wenn eine oder mehrere Frauen trommeln können, immer diesen ruhigen, gleichmäßigen, zuverlässigen Rhythmus des Blutes, links, rechts, links, rechts.

Jede Frau, die Lust hat, tanzt nun für die vier Elemente und den Altar, wie sie gern tanzen möchte.

Der Tanz nimmt irgendwo ein Ende, sobald die Erschöpfung beginnt.

Dann kommt das Festmahl.

Wenn ein Feuer angezündet werden kann, sollte das jetzt geschehen. Ihr könnt um das Feuer sitzen und euch Geschichten erzählen oder drüberspringen oder durchlaufen oder Wunschzettel oder einfach blutgetränkte Papiertücher darin verbrennen.

Das Fest klingt aus, die Nacht kommt, die Nacht geht, und die Frauen verwandeln sich langsam, fast unmerklich, aber unaufhaltsam.

ASSOZIATIONSSPIELE

Um dein Verhältnis zur Menstruation zu klären, kannst du allein oder mit mehreren Frauen Assoziationsspiele dazu machen.

Allein: du nimmst ein großes Blatt Papier, fängst oben in der Mitte an, schreibst ein Wort, mit dem du beginnen willst, z. B. BLUT, darunter machst du einen Strich nach links, einen nach rechts und assoziierst zwei Worte, z. B. Opfer und Schmerz. Unter diese Wörter kommen wieder je zwei Begriffe, die du dazu assoziierst. Herauskommt ein Berg, der von oben nach unten gebaut wird. Das Spiel ist zu Ende, wenn rechts und links kein Platz mehr auf dem Papier und ein Berg oder ein Dreieck aus Worten und Begriffen entstanden ist.

Der nächste Schritt bei dem Spiel: du bildest aus all den Wörtern beliebig Sätze. Du mußt alle Haupt- und Tätigkeitswörter, auch Eigenschaftswörter aus dem Dreieck nehmen und darfst nur verbindende Wörter benutzen, die nicht darin stehen, z. B.: und/oder/auf usw. Die Sätze führen dich zu deinen tiefen Erinnerungen. Anfangs ist es ganz idiotisch, aber manchmal wird's eine verblüffende Erfahrung, die dich zu dir selbst führt.

Mit anderen zusammen: Ihr sitzt im Kreis, schließt die Augen, und jede wirft in den Kreis, was sie zu Menstruation assoziiert. Ihr solltet erst aufhören, wenn etwa fünf Minuten lang kein Wort mehr gefallen ist, also auch die Stille danach halten und alles kreisen lassen. Dann sprecht ihr darüber.

Um zu vermeiden, daß Frauen (wie ich) zu lange und zu viel reden, könnte hinterher ein von euch gemeinsam gearbeiteter Redestab herumgehen. Jede Frau, die den Stab schon eine Weile hat, gibt ihn weiter, weil sie realisiert, daß sie ihn festhält (das geht bald ganz von allein).

MENOPAUSE – RITUAL FÜR DRACHENGROSSMÜTTER

Wer will schon ewig fruchtbar sein müssen? Daß die Blutungen irgendwann aufhören, zeigt jeder Frau das, was Männer und auch viele Frauen nicht so gern wahrhaben wollen: Wir sind sterblich, und die Zeit läuft, weil der Körper aus Energie-Teilchen besteht, die an Schwingung verlieren. Ursula Le Guin sagt, die Menopause ist unsere beste und einzige Chance, eine weise Alte zu werden.

Hormonelle Störungen können mit homöopathischen Präparaten aus Maiglöckchen, Mistel, Wasserschierling, Hirtentäschl in Verbindung mit Zinnkraut gelindert werden (nicht selber mischen, lieber in der homöopathischen Apotheke holen, die meisten der genannten Kräuter sind in zu starker Konzentration hochgiftig).

In dieser Zeit ist eine zuverlässige Verbindung zu anderen Frauen, die denken, leben und feiern wie du und ich, besonders wichtig. Das Ende der Menstruation sollte gefeiert werden wie das Eintreten in die Zeit des Blutens, und ich habe in „Womanspirit", Herbst-Tag-und-Nachtgleiche 1982, ein schönes Ritual von Portia Cornell aus Canton, Connecticut, gefunden, aus dem ich Auszüge übersetzt habe und hier beschreiben will:

„Wir waren eine Gruppe von zehn Frauen, und es ging sehr gut. Wir versammelten uns in einem Raum mit Kaminfeuer, einige Frauen gingen in unsere Sauna und machten ein Reinigungsschwitzen, wie wir es von den Indianern gelernt haben, mit Salbei und Abkühlen im Schnee.
Wir riefen die vier Elemente und Richtungen im Medizinrad. Wir sprachen über die Besonderheit dieses Rituals und nahmen uns Zeit für eine stille Meditation. Dann reichten wir uns ein Knäuel weiter, das uns zusammenband. Zuerst ein rotes Knäuel für Menstruation, dann ein schwarzes für Tod und ein weißes für Weisheit. Wir sagten: ‚Das ist das Blut, das alle Frauen verbindet.'
Wir reichten eine große Muschel herum, und jede Frau sagte, was ihr einfiel.
Die sechs Frauen, die ihre Menstruationszeit beendeten, setzten sich in die Mitte des Kreises. Sie trugen Tannenkränze auf dem Kopf. Sie sahen wundervoll und strahlend und irgendwie auch komisch aus, wir kicherten eine Weile. Dann feierten wir sie mit Applaus und lautem Rufen. Sie freuten sich. Jede erzählte ihre wichtigsten Erfahrungen. Ich fühlte mich wie ein kleines Indianermädchen, dem die alten Frauen des Stammes ihr Wissen weitergaben.
Mehr und mehr befreiten wir uns von unserer Angst und Einsamkeit durch unser gemeinsames Ritual. Dann warfen wir jede ein Ei, Samen, Nüsse oder sonst etwas ins Feuer und sagten, was wir loslassen wollten. Dann machten wir einen Geburtskanal, das Baby mußte zwischen den Beinen aller Frauen durch, wurde dann gestreichelt und willkommen geheißen: ‚Hurra, es ist ein Mädchen!'
Dann begann die Musik, afrikanische Trommeln, und wir aßen und tranken und feierten. Ich glaube, daß dieses Ritual, mehr als alle anderen, die wir gefeiert hatten, eine ur-alte Kraft in uns geweckt hat. Es war eine elektrisierende Erfahrung."

Ein guter Brauch ist es auch, daß die Weisen Alten, die Frauen jenseits der Menstruation, Patin für eine junge Frau werden und daß es Feste gibt, bei denen sie dieser Frau weitergeben, was für sie wichtig ist. Auf diese Weise können, wenn es an der Zeit ist, Kraftgegenstände weitergegeben werden, und das Netz zwischen den Frauen kann dichter und tragfähiger werden.

SCHLANGENFRASS

Die Junk-Food-Kultur hat aus uns allen Schnell-Esser gemacht. Frustrationen treiben die Süßigkeiten rein. Weil wir im Leben nicht genug kriegen, stopfen wir alles in uns hinein.

Die Eß-Neurosen blühen besonders in der Zeit der Schwangerschaft, der Menstruation und der Pubertät. Wir tun so, als wäre Essen unwichtig, oder wir legen die ganze Bedeutung des Lebens ins Essen. Die meisten von uns haben zumindest zeitweilig ein seltsames Verhältnis zur Nahrung.

Der verrückteste Auswuchs sind Diäten. Wir belohnen, strafen, reglementieren, disziplinieren, quälen und dogmatisieren uns gegenseitig mit den diversen Diäten, die einen wollen dünn, die anderen fetter werden, die einen wollen gesund leben, die anderen schwören auf Hollywood-Luxus.

In diesem Kapitel gibt es nichts davon. Ein amerikanischer Schwarzer hat mir einmal gesagt: „What you need is soulfood" (was du brauchst ist Seelennahrung). Er war mein Afrotanzlehrer und hat mir außerdem auch noch ein paar wichtige Erkenntnisse vermittelt, zum Beispiel, daß du deinen Körper nicht gleichzeitig verkrampfen und entspannen kannst (klingt leicht, aber versuch mal, dich zu entspannen, wenn du verkrampft bist).

In diesem Kapitel beschreibe ich Rezepte, die Bauch, Seele, Geist und Lust nähren, die Spaß machen, die dir geben, was du vielleicht brauchst.

FLÜSSIGES

Frauen trinken zuwenig. Daraus resultieren alle möglichen Wehwehchen wie Blasen- und Nierenstörungen, Gelenkschmerzen, Verdauungsbeschwerden, Verstopfung usw. Während der Menstruation verlieren wir mehr Flüssigkeit, und der Körper braucht besonders viel davon. (Das stimmt nicht bei bestimmten Nierenkrankheiten, die du mit Arzt/Ärztin abklären mußt.) Flüssigkeit scheidet Giftstoffe aus dem Körper aus; wo sie fehlt, setzen sich die Gifte und Harnkristalle in den Gelenken (gern im Knie, im

Nacken – Kopfweh! – und in den Hand- und Fingergelenken) fest.

* Zu gleichen Teilen Zinnkraut, Frauenmantel und Hirtentäschl (etwa je 1 Eßl. auf 1 Liter Flüssigkeit) wirkt zu starker Blutung und Krämpfen entgegen.

* Zu gleichen Teilen Isländisch Moos und Melisse wirkt erfrischend, keimtötend und heilend.

* Zu gleichen Teilen Himbeerblätter und Beinwell gemischt wirkt lindernd bei Menstruationsschmerzen und zusammenziehend, das heißt, die Blutung ist nicht so stark und heilt gut aus.

* Anserine in Milch gekocht (wenige Blätter) wirkt krampflösend und blutstillend.

* Eine Messerspitze Aloe (aus den afrikanischen Wüsten) befördert eine ausgebliebene Menstruation. Am besten werden homöopathische Präparate verwendet, weil Aloe bei zu starker Dosierung eine Nierenentzündung auslösen kann.

* Taubnessel-Tee gemischt mit Beifuß (Artemisia) reguliert die Menstruation und heilt Ausfluß. Wirkt sich auch bei jungen Frauen am Anfang der Menstruation beruhigend aus.

* Ein wirklich gutschmeckender Tee für alle Gelegenheiten: Zu gleichen Teilen Taubnessel, Himbeerblätter und Frauenmantel, dazu ein wenig Beifuß und einige Fenchelkörner.

Für „schwache Tage", wenn du dich kraftlos und müde fühlst und nicht so richtig auf die Beine kommst:

* Gockelmockel: Ein Viertel Liter Rotwein wird möglichst zehn Minuten in die Sonne gestellt, dazu kommt dann ein Eigelb, ein Schuß Sahne, Honig. Das ganze wird kräftig verrührt.

Für die Zeit der Wechseljahre:

* Zu gleichen Teilen Hirtentäschl und Zinnkraut. (Immer etwa zwei bis drei Eßlöffel auf einen Liter Wasser.)

* Gegen Wallungen: Was nicht abzustellen ist, solltest du einmal verstärken, um ins Schwitzen zu kommen und danach abzukühlen. Lindenblütentee zu gleichen Teilen vermischt mit Hirtentäschl. Trink ungefähr einen Liter und geh mit schöner Musik ins Bett, bis an die Nasenspitze zugedeckt. Wenn du richtig geschwitzt hast, wasch dich mit einem Lappen und lauwarmem Wasser am ganzen Körper ab, zieh ein frisches Hemd an und geh schlafen.

(Ganzkörperwaschungen mit lauwarmem Wasser mit etwas Essig. Danach trockenrubbeln und zehn Minuten hinlegen und meditieren, brüten, denken, träumen. Alle zwei Wochen Sauna oder Schwitzhütte ist auch ein hervorragendes Mittel, dem Körper bei der Hitze- und Kälteregulierung zu helfen. Allerdings ist das nicht gut, wenn du erkältet bist.)

Kaffe und schwarzer Tee sind weder während der Menstruation noch bei Menopause-Beschwerden angesagt: Sie bringen das Blut noch mehr in Wallung.

Für die Verbindung von Hirn und Bauch, wenn du während der Menstruation konzentriert arbeiten und denken mußt:

* Kraftfutter-Milchshake: Milch soviel du magst, eine halbe Banane (enthält viel Kalium und Eisen), geriebene Nüsse (am besten Hasel- oder Walnüsse), wenig geschrotete Leinsamen, Honig. Alles gut vermischen. Die Nüsse enthalten B-Vitamine und ungesättigte Fettsäuren, die allesamt gut für's Gehirn sind, die Leinsamen wirken dem leichten Verstopfungseffekt der Bananen entgegen und sind auch Vitamin- und Fettsäure-Träger.

– Suppen aus dem Hexenkessel –

* Kürbissuppe: In wenig Butter eine kleingeschnittene Zwiebel anbräunen, dazu nach Belieben eine Knoblauchzehe und einige kleingehackte Kürbiskerne. Dann kommt das kleingeschnittene Fleisch eines halben Kürbisses dazu, wird mitangebraten und mit Wasser aufgegossen. (Ca. 1 Liter, reicht für mehrere Personen.) Nach einer Kochzeit von etwa 15 Minuten kommen zwei Gemüsebrühwürfel, Salz und Pfeffer und etwas Zitronensaft dazu. Ganz am Schluß, also nach weiteren zwei bis drei Minuten (die Suppe muß sämig werden), wird noch ein Schuß Sahne dazugegeben. Mit Kürbiskernen und Sesamsalz servieren.

* Karottensuppe: Wie bei der Kürbissuppe Zwiebeln und Knoblauch in Butter anbräunen, gehackte Karotten (drei bis vier) dazu und mitandünsten. Dann mit ca. 1 Liter Wasser aufgießen, mit zwei Gemüsebrühwürfeln nach fünfzehn Minuten würzen, Salz, Pfeffer, etwas Muskat und ein Schuß Sahne.

* Hafersuppe: Wie beschrieben in Butter Zwiebeln rösten, Knoblauch bei starken Bauchschmerzen weglassen. Haferflokken (ca. zwei Hände voll) zugeben, mitanrösten und aufgießen. (1/2 l Wasser, du wirst wahrscheinlich nicht so viele Gäste für so eine Schmerzsuppe haben.) Dann reicht auch ein Brühwürfel, wenn die Suppe schön sämig ist. Pfeffer würde ich als zu scharf und Sahne als zu fett empfinden. Sesamsalz schmeckt aber gut dazu.

WOHLIGES

Manchmal fühle ich mich während der Menstruation so unbeweglich und breit, daß ich gern breite, weiche, wohlige Speisen esse. Zum Beispiel:

* Spinatbällchen (Rezept von Marijana) oder auch „Palle Verde“: 2 kg Spinat, 150 g Parmesan, 2 Eier, 3 Eigelb, 600 g Ricotta (italienischer Quark), Salz, Pfeffer Muskat.

Spinat blanchieren (also kurz mit kochendem Wasser überbrühen) und dann mit allen anderen Zutaten vermischen, Kugeln formen und diese etwa 15 Min. in siedendem Wasser ziehen lassen, reicht für mehrere hungrige Personen oder für zwei, drei lüsterne Frauen.

* Seelenfutter von der Korn-Mutter: Mach dir ein Gemüse aus kleingeschnittenen, verschiedenen Gemüsen, die du liebst, dünste sie in einem leichten Öl (Sesam, Erdnuß oder Sonnenblumen) mit Zwiebeln, Knoblauch, Sesamkörnern und Sonnenblumenkernen an, würze mit scharfem Paprika evtl. Chili, Salz und Pfeffer, gieße mit etwas Wasser auf. Zur selben Zeit kochst du Maisgries (Polenta) in Salzwasser (Anleitung steht auf der Pakkung). Wenn die Polenta gar ist, gießt du sie in ein Sieb, läßt sie kurz abkühlen, stichst flache Scheiben ab und brätst sie in einer Pfanne mit Butter. Diese gebratenen Polentascheiben ißt du dann zusammen mit dem scharfen Gemüse. Meine ehemalige italienische Schwiegermutter behauptet, daß dieses Essen die Spannungen der Menstruationszeit austreibt. (Die Kornmutter ist die Göttin der Maispflanze.)

* Breit wie ein Pfannkuchen: So fühlst du dich nach diesen Pfannkuchen. 200 g Buchweizenmehl und Vollkornmehl gemischt und durchgesiebt, drei Eier, etwas Mineralwasser. Vermische Mehl und Eier und gib soviel Mineralwasser dazu, daß der Teig fließt. Die Pfannkuchen bei scharfer Hitze backen und dann nach Lust und Laune mit köstlicher Beerenmarmelade, mit Cointreau, mit Frischkäse, mit Kräuterquark, mit Gemüse oder mit Honig und Nüssen füllen, rollen und essen. Wenn beim ersten Bissen unten ein Tropfen von der Füllung rausläuft, wirfst du ihn für die Ahnen aus dem Fenster.

* Süßer Brei: Eine Tasse Hirse kochen (mit zwei Tassen Wasser, ca. 15 Minuten, bis die Hirse weich ist). Gleichzeitig Apfelkom-

pott aus drei bis vier Äpfeln mit sehr wenig Wasser ansetzen. Wenn beides gar ist, mit Honig, Sahne und gehackten Nüssen vermischen und noch gut warm essen.

* Gefüllte Bratäpfel: Aus Äpfeln das Kerngehäuse entfernen und eine Mischung aus geriebenen Nüssen, Zucker oder Honig, etwas Zitronensaft und einem Eigelb in die entstandene Apfelhöhle füllen. Äpfel im Rohr braten, bis sie weich sind und gut duften. Du kannst das ganze mit einer Vanillesoße krönen. (Beate ist berühmt dafür!)

* Spinatlasagne: Lasagne-Teigblätter in einer gebutterten Form auslegen, statt der Fleischfüllung gibst du gekochten, gewürzten und mit Sahnesoße gebundenen Spinat hinein und darüber eine Bechamelsoße, die du in jedem Kochbuch findest, dann wieder eine Schicht Nudelplatten, Spinat und Bechamelsoße. Obendrauf kommt als letztes eine Schicht Nudelplatten, Butter und geriebener Käse. 20 Minuten im Rohr (vorheizen auf 200 Grad) bei mittlerer Hitze backen.

Während der Menstruation empfiehlt es sich, wenig Nachtschattengewächse (Tomaten und Kartoffeln) und Blähendes (Kohl, Bohnen) zu essen. Günstiger auf Bauch und Kopf wirken sich in der Zeit Körner (Grünkorn, Reis, Dinkel, Hirse, Haferflocken), Nüsse, Tee und Milchprodukte aus.

LEICHTES

Wenn du genug mit deiner Blutung zu tun hast und den Magen nicht allzusehr belasten willst, sind hier ein paar leichte Sachen zum Knabbern und Naschen:

* Joghurt-Traum: Joghurt, geschnittene Äpfel und Bananen, geriebene Nüsse, Leinsamenschrot, gehackte Mandeln und Honig oder Zucker verrühren.

* Beeren in Milch: (im Sommer) Himbeeren, Erdbeeren und Heidelbeeren mit leicht gezuckerter Milch verrühren. Schmeckt nach Kindheit!

* Avocadocreme: Zerdrücke eine Avocado, koch ein oder zwei Eier mittelhart, dann vermischst du die Eier und die Avocado, gibst etwas Zitronensaft, Salz, Pfeffer, Knoblauch, etwas Balsamico-Essig und Kräuterquark dazu. Das ganze mit frischem Weißbrot ist köstlich!

* Fleischeslust: Kauf dir zwei, drei kleine Rinderfilet-Stücke,

scharf anbraten (Öl muß sehr heiß sein), erst würzen, wenn sie gebraten sind, sonst wird das Fleisch hart. Dann legst du Salatblätter auf einen Teller, gibst etwas Öl, Balsamico-Essig und Salz und Pfeffer gemischt darüber und legst die Fleischstückchen darauf. Das gibt Kraft!

KULTISCHES

Du bist, was du ißt, also mach dir zurecht, was du sein willst. Backe dir Bilder. Das ist übrigens ein sehr alter Volksbrauch: Gebildbrote und Kult-Gebäcke.

* Gebildbrote werden aus Brotteig gemacht (da besorgst du dir am besten ein Buch übers Brotbacken, denn es gibt so viele Teigsorten und Möglichkeiten, das würde den Hexen-Küchen-Rahmen sprengen). Gebildet wird zum Beispiel so:

— Zöpfe, um Energien zu verbinden oder Geister zu bannen.

— Semmeln und vulvaförmige Brote (ahnst du, was in den Bäckereien so herumliegt?), um die Kraft des Bauches zu verstärken.

— Frauengestalten, sonstige menschliche und tierische Formen, um dieselben zu symbolisieren (die Kinder sagen dann dazu: das ist die Oma, die ist auch so dick usw.). In Kapitel 13 findest du Anregungen, aber auch in Symbol-Lexika oder in Brauchtumsbüchern.

* Buttergebäck in Form von kleinen, dicken Göttinnen, frühgeschichtlichen Idol-Figuren, Kröten, Schlangen, Raben, Adlern, Sternen, Monden, Sonnen, usw. Der Phantasie sind keine Grenzen gesetzt, du kannst auch einfache Butterplätzchen backen und den Zettel mit Orakelsprüchen einbacken oder einfach Zahlen. Jede Zahl steht dann für einen Spruch, z. B.:

1 — Du begegnest einer Fee.
2 — Heute besucht dich jemand, die/den du gern hast.
3 — Mach dich an die Arbeit.
4 — Etwas, das in der Schwebe ist, gehört gefestigt.
5 — Nimm die Ideen ernst, die du hast, und setze sie um.
6 — Versöhne dich, triff eine Entscheidung.
7 — Mach ein Orakel, etwas Wichtiges kommt auf dich zu.
8 — Du hast Kraft, spürst du sie?
9 — Brüte etwas aus.
10 — Es ist Zeit zu feiern, usw.

Der Teig für zwei bis drei Personen (von Oma): 70 g Zucker,

1 Ei, 140 g Butter, 175 g Mehl (gesiebt) auf dem Nudelbrett vermischen, indem du ins Mehl eine Kuhle machst, das Ei hineinschlägst, Butter und Zucker dazugibst und alles kräftig knetest. Dann formst du (etwa mit Hilfe eines Messers, mit dem du aus dem plattgewalzten Teig Figuren ausstichst) deine Gebilde und Symbole oder machst etwas dickere Plätzchen, in die du vorher die Sprüche auf Butterbrotpapier versteckt hast. Bei mäßiger Hitze fünf bis zehn Minuten backen, bis sie leicht gebräunt sind. Du kannst sie mit Lebensmittelfarben anmalen oder mit Zuckerguß, geschmolzener Schokolade oder mit einem Eigelb bestreichen (mit Eigelb müssen die Plätzchen noch mal eine Minute in den Ofen).

Drei Festmahlzeiten:

– Weißes Fest für Drachenjungfrauen –

Chicoreesalat,
Spaghetti mit Sahnesoße,
gedünsteten Fisch mit Reis,
Vanillepudding mit Sahne und einem Klacks Himbeermarmelade, Zitroneneis.

– Rotes Fest für Drachinnen –

Tomatensuppe mit etwas Sahne und für die, die's mögen, Gin.
Penne all'arabbiata (Teigfedern mit einer scharfen Tomatensoße aus geschälten Tomaten mit Chili und Majoran, Zwiebeln und Knoblauch),
Gemüse-, Fleisch- und Leberstückchen im Wok (chinesischer runder Topf) kurz gebraten mit scharfen Soßen oder
einen roten Gemüsetopf „Ratatouille",
Mais- und Radicchiosalat, rote Beete, Kartoffelsalat,
rote Grütze aus Waldbeeren,
Rotwein,
Schnaps (für's Feuer, vielleicht wollt ihr ja Feuer spucken).

– Schwarzes Fest für Drachengroßmütter –

(Natürlich geht es hier um die dunkle Kraft, die besonders in weißen und roten Bohnen, in Nachtschattengemüsen und scharfen Speisen steckt.)

Tintenfischsalat,
Spaghetti al Pesto (Kräutersoße),

Pfeffersteaks oder
Schwarzwurzelgemüse mit gedünsteten Tomaten und Kartoffeln in der Pelle gebacken,
Salat aus roten und weißen Bohnen mit Zwiebeln und Pfeffer,
Heidelbeeren und Brombeeren mit Sahne,
Holunderwein,
Enzian-, Bärwurz- oder Wacholderschnaps,
schwarzer Kaffee.

– Ein Mahl für die Ahninnen –

* Trefft euch zu einem Abendessen oder Picknick. Jede Frau bringt eine Ahnin oder Göttin mit. Wenn der Tisch oder das Tuch am Boden gedeckt wird, deckt jede Frau für die Ahnin mit, die sie eingeladen hat.

Alle sitzen im Kreis. Jede beschreibt, wen sie mitgebracht hat und warum. Dann wird das Essen verteilt. Die Teller für die Ahninnen bleiben idealerweise stehen (obwohl ich auch schon im Heißhunger für meine Ahnin mitgegessen habe, und es ist mir wohl bekommen).

Ahninnen lieben kein Fleisch, das versteht sich. Am liebsten scheinen ihnen Getreide, Honig, Milch und Blut und Früchte zu sein. Jedenfalls sind diese Zutaten seit Jahrtausenden überliefert. Du kannst deine Ahninnen auch mal allein zu dir einladen oder mit ihnen im Wald tafeln. Bald wirst du, wenn du sehr still bist, auch noch Tierbesuch bekommen, besonders wenn Salat (ohne Soße versteht sich) und Körner herumliegen.

Wenn du irgendwo Kräuter sammelst, Holz schlägst oder Wurzeln entfernst, vergiß nicht, Spucke und Hirsekörner dortzulassen. Geben und Nehmen ist wichtig.

GLEICHES

Rote Flüssigkeit, Beeren, rotes Gelee, Grütze, die roten Granatapfeltropfen, rote Bohnen stehen für das Blut.

Wurzelgemüse, Nachtschattengemüse, Brot stehen für den Bauch.

Äpfel, Orangen, Granatäpfel stehen für die Brüste.

Feigen, Mangos, Paradiesfrüchte, Zwetschgen und Datteln stehen für die Vagina.

Nüsse und Körner stehen für das Gehirn.

Gebildplätzchen und -brote stehen für das Bild, das sie darstellen.

Menstruationstage sollten mit Flüssigkeiten beginnen und aufhören. Blutfluß braucht das Fließen. (Überhaupt solltest du mindestens 2 Liter täglich trinken, nicht nur zur Menstruation.)

Gut tut, was Lust macht. Wirf die Dogmen über Bord, und tu dir Gutes oder laß dir Gutes tun oder tu anderen Gutes, das fördert das Wohlbefinden, ja, das Behagen während der Menstruation (naja, und auch sonst immer).

ZWEI MÄRCHEN – NEU ERZÄHLT

DIE JUNGFRAUEN BEI DEN DRACHEN

Als es Herbst wurde, schaute der König sorgenvoll aus dem Fenster. Zum vollen Mond wurde das Jungfrauenopfer fällig, und es war kein junges – von einem Mann unberührtes – Mädchen mehr im Lande übrig, außer seiner Tochter. Das Jungfrauenopfer war ein düsteres Kapitel seiner Herrschaft. Kaum hatte er das Land erobert, die Königin zur Frau genommen und sein Regiment überall im Land errichtet, war diese alte Frau gekommen, um mit ihm zu sprechen. Er wollte sie fortschicken lassen, aber sie stand plötzlich mitten im Thronsaal. „Köpft sie!" rief er außer sich. Doch seine Männer waren von einem seltsam starren Grausen gepackt und konnten sich nicht rühren.

„Ich bin die Großmutter der Drachen, eine Ahnin deiner Frau, die du umgebracht hast", sagte die Alte. Er versuchte, die Gedanken an seine schöne Frau wegzuwischen, die vom Turm gesprungen war, um ihm nicht gehören zu müssen. „Wenn du nicht jedes Jahr ein junges, unschuldiges Mädchen zur Drachenhöhle im Drachenstein bringst, werden die Drachen kommen und dein Land im Feuer vernichten."

Weg war sie.

Natürlich schenkte er der wirren Rede dieser alten Zauberin keinen Glauben. Er dachte ja gar nicht daran, die Forderung zu erfüllen. Nicht, weil er mit den Mädchen Mitleid hatte, sondern weil er, der König, sich nicht von einem alten Weib erpressen ließ. Man trank und sang und fiel unter die alten Eichentische. Der Herbst kam. Kein Mädchen wurde zur Drachenhöhle gebracht.

Aber als die Blätter gefallen waren und die Nacht des vollen Mondes kam, saß plötzlich um Mitternacht ein kleiner Drache auf des Königs Fensterbank.

„Wo ist die Jungfrau?" krächzte er, und bei jedem Wort kam ein Feuerstoß aus seinem Maul, fraß sich durch das Zimmer, durch die Pelze des Königs bis zu seinen Barthaaren.

Er fuhr aus dem Schlaf hoch. Der Drache segelte vor seinem Fenster vorbei und entfernte sich. Im Zimmer des Königs sah es aus wie nach einer Schlacht. Er raufte sich, was von seinen Haaren noch übriggeblieben war, und mußte nun einsehen, daß es die Drachen gab und er mitsamt all seinen Soldaten machtlos gegen sie war. Er ließ also im Land ausrufen, daß eine Jungfrau unverzüglich zu ihm gebracht werde. Als keine freiwillig kam, schickte er Soldaten aus. Schließlich war eine gefunden, so sehr sie sich auch wehrte und weinte, es half ihr nichts: Sie mußte zur Drachenhöhle gehen.

Ein langer Trauerzug begleitete sie, hinter ihr die weinenden Eltern, die Freunde, dann Mitglieder des Königshauses und schließlich das Volk.

Am Eingang der Höhle stand die Großmutter und nahm das Mädchen in Empfang. Dann verschwanden die beiden in der Höhle und wurden nicht mehr gesehen.

Jahr für Jahr ging das nun so. Wenn die Blätter gefallen waren und der Mond voll wurde, mußte eine Jungfrau zur Höhle gehen. Die Väter brachen in Panik aus, versteckten ihre Töchter oder schickten sie außer Landes. Seltsam war nur, daß die Mädchen sich immer weniger fürchteten. Von der Tochter des Schmieds erzählte man sich, daß sie in der Nacht zuvor geträumt hatte, alle Jungfrauen des Landes hätten sie im Drachenland erwartet, und ein großes Fest wurde zu ihrem Empfang gegeben, bei dem die Großmutter der Drachen, die in Wirklichkeit eine alte Königin war, Sternblumen an alle verteilte.

„Das Schicksal ist gnädig mit ihr", raunten die Leute, „sie ist nicht mehr richtig im Kopf."

Während der König am Fenster grübelte, saß die Prinzessin in ihrem Zimmer und schmückte sich. Sie hatte ihr schönstes Kleid angezogen, am Nachmittag hatte sie sich einen Kranz aus Wiesenblumen geflochten, den sie jetzt auf ihr schwarzes Haar setzte: „Wartet nur, meine Freundinnen. Jetzt komme ich auch zu euch. Mein Vater wollte mich zwar aus dem Land schmuggeln, aber ich habe ein solches Gezeter veranstaltet, daß er seine Pläne bald aufgab."

Plötzlich klopfte es an die Tür. Ihre Zofe flüsterte: „Da ist ein Prinz, der möchte dich sprechen."

Die Prinzessin öffnete die Tür. Ein junger Mann stand draußen. Er war sehr aufgeregt. „Prinzessin, ich werde dich retten und mit dem Drachen kämpfen", sagte er. Sie betrachtete ihn verwundert. „Ich will den Drachen töten und dich zur Braut nehmen", rief er, zog sein Schwert aus dem Leder und legte es ihr zu Füßen. Sie schob mit ihren Zehen das Schwert ein wenig beiseite. „Wir werden sehen", sagte sie. „Du kannst ja mit zur Drachenhöhle kommen, das Weitere wird sich wohl ergeben."

Der Prinz verneigte sich tief vor ihr und verschwand.

Bald war es Zeit zu gehen. Ein Diener hatte aber an der Tür der Prinzessin gelauscht und wußte nun von den Plänen des Prinzen. Da er selbst in die Prinzessin verliebt war, beschloß er, den Prinzen kämpfen zu lassen und selbst zum König zu gehen wenn der Drache tot war, um sich die Belohnung zu holen. Er folgte heimlich dem Trauerzug, der von der Prinzessin mit ihrer Zofe angeführt wurde, gefolgt vom König im Kriegsornat, von Soldaten in Viererreihen, die blutrünstige Lieder sangen. Dahinter kam, wie immer, das Volk, das über die Schönheit und Heiterkeit der Prinzessin staunte.

Als sie nun alle zur Drachenhöhle kamen, die silbrig im Licht des vollen Mondes schimmerte, wurde ein tränenreicher Abschied gefeiert. Die Sänger und Gaukler machten Lieder über das Ereignis und zogen gleich los, um die Neuigkeit zu verbreiten, daß nun auch die Prinzessin bei den Drachen weilte. Die Drachengroßmutter stand in einem dunklen Umhang plötzlich mitten in der Höhle, streckte die Arme nach der Prinzessin aus, und mit lautem Klagen und Schreien entfernten sich alle Leute.

Nicht so der tapfere Prinz – aber auch der Diener nicht, der sich hinter einem Busch versteckte. Der Prinz zückte das Schwert und schrie: „Zeig dich, du feiger Drache, daß ich dich niederwerfen kann!"

Kaum hatte er die Worte ausgesprochen, kam ein Drache aus der Höhle gekrochen, grüngelb, mit silbrigen Schuppen, auf dessen spitzen Rückenwirbeln einige Mädchen saßen und winkten.

„Du bist kein schlechter Mensch", rollte und ächzte der Drache, bei jedem Wort loderten Feuer und Schwefel aus seinem Maul, und der Prinz mußte sich wegducken, um nicht versengt zu werden. „Warum willst du mit mir kämpfen?"

„Weil du jedes Jahr eine Jungfrau holst", sagte der Prinz tapfer. „Und weil du meine Prinzessin holen willst."

Die Mädchen auf dem Rücken des Drachen fingen an zu kichern. Die Prinzessin aber stellte sich auf ihre Fußspitzen und küßte den Prinzen auf die Stirn. „Laß uns keine Zeit verlieren", sagte sie.

Er zog sein Schwert, hielt aber verblüfft inne, als er sah, daß sie mit Hilfe der Alten auf den Drachen kletterte, die Hand der

Schmieds-Tochter ergriff und es sich auf einer Silberschuppe bequem machte.

Der Prinz zwinkerte mit den Augen, berappelte sich aber schnell und stieß sein Schwert mutig dem Drachen in die Seite. Dieser drehte nur leicht den Kopf und brummte: „Verschwinde", was er nicht zweimal sagen mußte, denn der Feuerstoß trug den jungen Prinzen ins Gebüsch, zu dem hinterhältigen Diener, der ihn auffing und nun keinen Grund mehr sah, ihn zu töten. Denn der Drache verschwand mit der Prinzessin in der Höhle, ohne überhaupt seine volle Körperlänge zu zeigen.

„Ich bin verletzt", stöhnte der Prinz, und die beiden verhinderten Liebhaber wankten gemeinsam davon. Da die beiden keine Lust hatten, dem König unter die Augen zu treten, machten sie sich auf die Wanderschaft.

Die Prinzessin indessen durchquerte auf dem Rücken des Drachen, zitternd vor Aufregung an die Freundin geschmiegt, die dunkle Höhle, die sich bald weitete und zu einer Wiese hin öffnete. Große, runde Felsen waren auf der Wiese verstreut. Auf ihnen saßen die Jungfrauen, um die Prinzessin zu empfangen.

Da gab es ein großes Hallo, und die Jungfrauen sprangen herum, lachten und küßten sich. Dann ertönte ein schrilles Zirpen, alle nahmen das Geräusch auf und trillerten, pfiffen, zischten und jaulten, bis endlich zwischen den Felsen die Großmutter der Drachen in einem Kleid in der Farbe der Meere hervortrat und in die Hände klatschte. Da spuckten die Drachen einen Ring aus Feuer, in dem alle Mädchen tanzten, und die Prinzessin wußte, daß sie jetzt eine Frau war, denn sie blutete wie alle anderen.

Die ganze Nacht ging das Fest, die Drachen schnaubten Feuerwerke in die Luft, die Tiere des Waldes kamen hinzu und tanzten mit, aber langsam fiel eine Jungfrau nach der anderen in Schlaf. Als es ruhig wurde und auch die Drachen eingeschlafen waren, ging die Großmutter der Drachen weit hinter die Felsen zu einem großen, schwarzen Kessel, unter dem ein lustiges Feuer brannte.

In diesem Kessel kochte sie Bilder und Träume. Ein lieblicher Duft stieg auf, schwebte über die nacht-neblige Wiese dahin zum Meeresstrand, zog übers Meer, und manche der Nebel gelangten durch die Drachenhöhle in die Welt der Menschen.

Manchmal wacht eine Frau unruhig auf, und eine große Sehnsucht wird wach nach dem Land, in dem die Großmutter der Drachen Bilder zu Träumen kocht.

Meine Geschichte ist eine Lüge, und wie jede Lüge ist sie wahr, und ich wollte, du und ich, wir wären dabeigewesen.

DIE GESCHICHTE VON DER PRINZESSIN, DIE NICHT MEHR LACHTE.

In alten Zeiten, als die Königinnen ihre Macht verloren und die Könige bestimmen wollten, lebte so ein König im Gebirge. Er war reich und mächtig geworden. Das Land seiner Frau hatte er sich genommen, als sie gestorben war, und manchmal führte er auch Kriege, damit er noch reicher und mächtiger würde. Er hatte drei Töchter. Nach dem Gesetz war die jüngste Tochter die Erbin. Seine jüngste Tochter war aber krank, sehr krank. Sie lebte mit ihren Schwestern im Turm der Burg. Die Burg war immer kühl und zugig. Die Schwestern kuschelten sich in ihre Felle und erzählten sich Geschichten, aber je älter sie wurden, um so trauriger wurden sie, denn der König war, ehrlich gesagt, ein ziemlich grausamer Mann. Wer ihm nicht gefiel, der wurde kurzerhand geköpft. Die Schwestern fürchteten ihn, doch am allermeisten die jüngste, denn sie wußte, daß sie nach dem Gesetz die Erbin war. Ihr Vater wollte aber alles behalten, und so würde er sie am 21. Geburtstag verheiraten, an dem Tag, der ihr Macht und Besitz gesetzlich zusprach. An diesem Tag mußte ihr Vater seinen Besitz an sie übergeben. Also würde er sie mit einem Mann verheiraten, der auf seiner Seite stand.

Je mehr sie über ihr Schicksal nachdachte, um so trauriger wurde sie. Und so kam es, daß sie nicht mehr essen wollte und schließlich nicht mehr lachte.

Dem König gefiel das gar nicht. So blaß und krank konnte er seine Tochter unmöglich verheiraten. Schon murrte das Volk und hatte den König in Verdacht, heimlich die Erbprinzessin zu vergiften. Die Prinzessin lag in ihre Felle gehüllt im Turm und starrte an die Wand. Ihre Schwestern versuchten vergeblich, sie aufzumuntern. Sie lasen ihr Geschichten vor, spielten Theater für sie, brachten ihr die köstlichsten Speisen, aber nichts half. Die Prinzessin, die einmal so blühend schön und lustig gewesen war, wurde mit jedem Tag blasser, kränker, dünner.

Der König war verzweifelt. Zu all seinen Machtplänen gesellte sich jetzt die Sorge um seine Tochter. Er wollte nicht, daß sie am Ende starb! Also ließ er ausrufen:

„Wer meine Tochter dazu bringt, daß sie wieder lacht und

ißt, der soll ihre Hand haben und das halbe Königreich dazu."

Damit wäre er alle Sorgen losgeworden. Die wieder gesunde und muntere Prinzessin würde mit ihrem Mann das halbe Königreich regieren, und er könnte die andere Hälfte behalten!

Es kamen viele junge Männer: Zuerst die Prinzen, dann die Grafen, dann die Ritter, dann die Abenteurer, und schließlich wagten sich gelegentlich auch junge Bauern und Hirten an die schwere Aufgabe. Aber keinem gelang es, die Prinzessin zum Lachen zu bringen oder gar zum Essen zu bewegen. Im Gegenteil. Mit jedem mißlungenen Versuch wurde die Prinzessin blasser und durchsichtiger. Schließlich rief der König in seiner Verzweiflung aus:

„Jeder junge Mann, der versucht, meine Tochter zu kurieren, soll geköpft werden, wenn es ihm nicht gelingt."

Die Wachen um das Schloß wurden verstärkt. Ärzte, Heiler, Magiere, Zauberer eilten an das Bett der Prinzessin, um über ihr Leben zu wachen. Aber sie schickte alle mit einer müden Handbewegung fort. Jetzt wagte es kaum noch ein Mann, sich im Schloß vorzustellen. Die abgeschlagenen Köpfe der wenigen Mutigen schreckten die nächsten Bewerber ab: Sie steckten auf Pfählen vor dem Schloß.

Die Schwestern hielten die jüngste Prinzessin immer auf dem Laufenden über alle Ereignisse. Auch sie waren traurig und besorgt und versuchten alles, um die kleine Schwester aufzuheitern. Aber mit jeder neuen Erzählung, mit jedem abgeschlagenen Kopf wurde die Kleine deprimierter und trauriger.

Schließlich kam niemand mehr. Der König erwartete den Tod seiner jüngsten Tochter. Er ließ bereits die Trauerfeierlichkeiten vorbereiten, wählte Holz für den Sarg, Blumenschmuck und dergleichen aus. Die Schwestern weinten sich die Augen aus, und die Stimmung im Schloß war niedergedrückt.

Da klopfte eines Tages, mitten in die Begräbnisvorbereitungen der noch gar nicht verstorbenen Prinzessin, eine alte Frau ans Burgtor. Die Wachen, genervt von dem Dauer-Trauer-Zustand, reagierten überreizt und hätten die Alte beinahe die Zugbrücke hinuntergestoßen. Sie kicherte nur.

„Ich höre, die Prinzessin ist krank", sagte sie, immer noch kichernd und kopfschüttelnd. „Ist es nicht die Erbprinzessin? Die Jüngste?"

„Und was geht's dich an, Alte!" fuhr eine der Wachen die Frau an.

„Naja, eigentlich nichts. Aber ich könnte ihr vielleicht helfen."

„Das haben schon andere versucht! Große Fürsten, eindrucksvolle Persönlichkeiten", sagte ein anderer.

„Habe ich gehört", antwortete die Alte.

„Wir lassen sie lieber nicht hinein", sagte die erste Wache.

„Wer weiß, was der König mit uns macht, wenn er sich über das alte Weib ärgert. Dann heißt es gleich wieder: Wer hat die reingelassen?"

„Er würde sich doch aber freuen, wenn die Prinzessin nicht sterben müßte, nicht wahr?" fragte die Alte.

„Das nehme ich an", sagte die zweite Wache. „Was meinst du?"

Die beiden schauten sich ratlos an. Das war zuviel für sie. Sie mußten sich mit der Oberwache beraten.

Es dauerte fast einen Tag, bis die Oberwache wagte, dem König von der alten Frau Meldung zu machen. Die hatte sich derweil in den einzigen Sonnenstrahl gesetzt, der auf die Zugbrücke fiel. Gelegentlich sang sie mit schöner, tiefer Stimme ein eigenartiges Lied.

Nun traf es sich aber, daß der Turm, in dem die jüngste Tochter auf ihren Tod wartete, gerade über der Zugbrücke aufragte, so daß die Prinzessin den Gesang der Alten vernahm. Da wurden ihre Augen zum ersten Mal seit langer, langer Zeit wach.

„Wer singt da?" fragte sie.

„Sicher sind es Gaukler", sagte die Älteste und sah aus dem Fenster. Dann schüttelte sie den Kopf und trat wieder ans Bett der kleinen Schwester.

„Stell dir vor, es ist eine ganz alte Frau", sagte sie.

Die Prinzessin richtete sich mühsam in ihren Fellen und Kissen auf. „Eine alte Frau?" fragte sie mit schwacher Stimme. „Ich will sie sehen. Geh zum Vater und laß die alte Frau rufen, bitte!"

Das hatte sie nun gerade im rechten Moment gesagt, denn der König hatte die Wachen angewiesen, die Alte zu verjagen, und sollte sie nicht freiwillig gehen wollen, ihr einen Spieß in den alten Körper zu stoßen. Er sah zwar nicht ein, warum er die Alte nun doch ins Schloß lassen sollte, aber weil es nun – wie er annahm – der letzte Wunsch seiner Tochter war, ließ er Fünfe gerade sein und die Alte holen.

Sie wurde nun von zwei Wachen wie eine Schwerverbrecherin in die Burg, durch den Burghof und über einen Wehrgang zum Turm geführt, anstatt sich aber zu fürchten, schaute sie sich nur neugierig um und murmelte immer wieder zu sich: „Wie kann man hinter solch kühler Mauer fröhlich und gesund sein. Ungesund, feucht, verkommen…"

„Halt's Maul", sagte ein Bewacher unruhig. Die Alte machte ihm Angst, es war ein ungemütliches Gefühl, neben ihr zu gehen, er wußte aber nicht, warum. Irgendwie erinnerte sie ihn an seine Großmutter, die vor langen Zeiten gestorben war. Sie hatte ihm schöne Geschichten erzählt, aber auch so manches Mal ein Vergnügen verboten. Unter ihren strengen Augen wagte er nicht mehr, Frösche aufzuspießen und ihnen die Beine auszureißen. Sie war aus einer anderen Welt, die er nicht verstand.

Als hätte die Alte seine Gedanken gelesen, nickte sie ihm freundlich zu und schaute tief in seine Augen, bis in die Wunden seiner Seele. Ungeduldig schlug er mit dem Spieß gegen die Mauer.

Schließlich kamen sie an die Tür des Turmzimmers. Die Wachen wollten mit eintreten, doch die Alte bedeutete ihnen mit einer Handbewegung stehenzubleiben, und wie gebannt blieben sie stehen und konnten sich nicht mehr rühren, obwohl sie Befehl hatten, die Prinzessin und die Alte nicht aus den Augen zu lassen.

Nach einer Weile hörten sie die tiefe Stimme der alten Frau, die ein Lied sang:

„Die Seele ist alt wie ein Berg
und tief wie das Meer
wild wie das Feuer
und frei wie der Sturm
sie fliegt zum Himmel
und unter den Fels
und niemand kann sie
fangen
niemand festhalten
immer kehrt sie
zurück
und immer kehrt sie zurück."

Die helle, dünne Stimme der Prinzessin fiel in den Gesang der Alten ein: „… und immer kehrt sie zurück."

Und dann hörten die Wachen die Alte sprechen, aber sie konnten nicht verstehen, was sie sagte, denn alles klang, als ob sie rückwärts spräche. Während sie lauschten und sich anstrengten, kam auch der König mit seinem Gefolge. Er wollte gerade einen Wutanfall bekommen, weil die Wachen seinen Befehl nicht befolgt hatten und vor der Tür standen, da erklang wieder

der Gesang, so zauberhaft und rein, daß ihnen die Tränen in die Augen traten. Alle wischten sich verstohlen über das Gesicht, als die tiefe Stimme der Alten und die hohe, zarte Stimme der Prinzessin zusammen sangen.

Wie festgenagelt standen nun die Wachen, der Hofstaat und der König vor der Tür, und alle lauschten, ohne zu bemerken, daß sie sich nicht mehr bewegen konnten.

Im Zimmer saß die Alte am Bett der Prinzessin, links und rechts neben ihr die beiden Schwestern, die traumverloren zuhörten. Die Alte hatte die Hände der Prinzessin genommen und sah ihr in die Augen. Sie redete in einer fremden Sprache mit ihr, die Prinzessin lächelte, und dabei liefen ihr die Tränen über das Gesicht.

Während die Alte zu ihr sprach, sah sie die Felsen der Berge, die Tiere, die Feen an den Quellen, die wilden Frauen, die Zwerge und Moosleute. Denn die Alte war eine Waldfrau, eine Zauberin aus alten Zeiten, die sich mit ihren letzten Getreuen ins hohe Gebirge geflüchtet hatte, damit sie von den einfallenden Stämmen und Kriegern nicht umgebracht wurden. Die Prinzessin hörte, wie die Alte aus ihrem Leben erzählte, sah die Hütten aus Holz und Stroh, die die wilden Leute sich im Schutz der hohen Felsen gebaut hatten. In Gedanken begleitete sie die alte Frau durch die Wälder, pflückte Beeren und wildes Gemüse und half ihr, verletzte Tiere zu ihrer Hütte zu bringen, um sie dort mit Kräutern und Säften zu heilen. Sie schaute der alten Bergfrau zu, wie sie ihre Hände auf eine Wunde legte und die Wundränder sich langsam schlossen. Sie sah einen Reigen von Elfen an einer Quelle und sprang mit ihnen durch den Wasserfall. Sie gab ihnen die Hände und sah, wie die Elfen sich im glitzernden Regenbogen in Nebel auflösten.

Immer tiefer und glücklicher atmete sie, seufzte, gähnte, streckte sich. Schließlich erzählte die Alte von einem Krieger, der überall gefürchtet war. Aufmerksam verfolgte sie die Erzählung von dem Krieg des fremden Stammes gegen die wilden Leute, wie sie immer weiter in die Berge zurückgedrängt und schließlich, ein wehrloses Häufchen friedlicher Leute, auf einem Felsen zusammengetrieben wurden, um niedergemetzelt zu werden. Sie erwarteten schon ihren Tod, da löste sich eine Bergfrau aus ihrem Haufen und trat vor die Krieger. Sie hob ihre Röcke, machte ihre Beine breit und trat vor. Und ein Strahl von Feuer schoß aus ihrem Bauch, während ihr Mund Sprüche murmelte. Die Krieger wichen zurück. So etwas hatten sie noch nicht erlebt, sie stolperten ein wenig, als sie sich gegenseitig bergab drängten. Dann ließ die wilde Frau den Rock sinken. Sie murmelte eine alte Anrufung und hob die Arme. Aus ihren Achseln strömte ein Dampf, ein Gestank, ein Wind, der die Krieger taumeln ließ. Schreiend und ächzend rollten sie den Berg hinunter...

Bei den letzten Worten der Alten kicherte die Prinzessin und lachte jetzt herzlich, wiederholte die komischste Stelle der Erzählung immer wieder und kugelte vor Lachen fast aus dem Bett. Die Alte mit ihrer dunklen, heiseren Stimme lachte mit und zeigte nun den Schwestern, wie die Bergfrau ihre Röcke gelupft, ihre Achseln freigemacht hatte. Den Schwestern war schon lange klargeworden, daß es sich bei der wilden Frau nur um die Alte selbst gehandelt haben konnte.

Vor der Tür gab es erstaunte Gesichter: Die Prinzessin schien zu lachen! Alle lauschten angestrengt: Ja, ein Lachen und Glucksen und Kichern war zu hören. Der König strahlte. Im Geiste malte er sich schon eine schöne Belohnung für das alte Weib aus. Nun, genug, dachte er. Jetzt könnte sie langsam herauskommen. Aber drinnen ging es munter weiter, es wurde gekichert und erzählt. Dann leises Seufzen und sogar Stöhnen! Was ging nur in dem Zimmer vor? Die Männer des Königs sahen sich ratlos an. Aber bewegen konnten sie sich noch immer nicht. Lange, lange standen sie so, während im Zimmer der Prinzessin ein großes Fest im Gange war.

Eine Ewigkeit schien vergangen, als sich endlich die Tür öffnete und die Alte wieder herauskam. Freundlich wedelte sie mit der Hand, und alle begannen sich zu rühren, zu strecken und zu dehnen, zu gähnen und zu husten.

Auf ihrem Lager saß die Prinzessin und sah all die Männer, die plötzlich enormen Lärm machten. Da mußte sie schon wieder lachen, und die Schwestern lachten gleich mit.

Der König, dem die ganze Sache nicht recht geheuer war, wollte das Weib nun so schnell wie möglich loswerden. Hofstaat und Wachen im Gefolge, eilte er in den Thronsaal, wo er sie zu belohnen und dann zu entlassen gedachte. Er lobte sie über den grünen Klee und tat sehr gönnerhaft, was der Alten nur ein leises Lachen entlockte. Im Thronsaal ließ er ihr einen Beutel mit Gold übergeben.

„Wir danken dir", sagte er feierlich, „daß du die Prinzessin geheilt hast, denn daß sie geheilt ist, kann jeder im Schloß sehen. Nimm als Zeichen unseres Dankes und unserer Anerkennung diesen Beutel mit Gold.“

Sein Hofstaat klatschte, und der König lächelte väterlich, als seine Diener den Beutel übergaben, übergeben wollten. Die Alte dachte nämlich gar nicht daran, diesen Beutel anzunehmen.

„Was soll ich mit Euren Talern?“ sagte sie verschmitzt. „Ihr habt die Hand Eurer Tochter und das halbe Königreich dem versprochen, der Eure Tochter heilt.“

Alle sahen sich bestürzt an.

Der König ließ ein überraschtes „Ha“ hören. „Du bist doch ein Weib! Wie kann ich dir die Hand meiner Tochter geben! Nimm das Gold und sei zufrieden, ehe ich es mir anders überlege!“

Über diese Reaktion war die Alte nun gar nicht überrascht. Sie kannte die Mächtigen zu genau. Sie versprachen alle das Blaue vom Himmel herunter, wenn sie in Not waren, doch kaum gerettet, hielten sie allesamt ihr Wort nicht, denn sie glaubten, nun wäre es ja nicht mehr notwendig.

„Ich will die Hand Eurer Tochter. Das halbe Königreich schenke ich Euch“, sagte sie sanft.

Der König bekam einen Erstickungsanfall vor Wut. „Schenke ich Euch“, keuchte er. Er fuchtelte mit den Armen herum. „Ich lasse dich einsperren. Ich lasse dich foltern. Ich lasse dich in den Hungerturm werfen, das wird dich lehren, zum König so unverschämt zu sein.“

„Unverschämt ist der König“, sagte die Alte freundlich.

Der Hofstaat jaulte vor Empörung. Daß sie es wagte!

„Ihr habt es mit einer sehr alten, mächtigen Königin zu tun“, sagte die alte Frau leise. „Aber das ist nicht so wichtig. Ihr habt ein Versprechen gegeben und wollt es jetzt nicht halten. Das wiegt schwer, König. Denkt nach!“

Der König wollte gerade losbrüllen, als ihn der Blick der Alten traf. Da er nicht dumm war, erkannte er sogleich, daß sie ihm nicht nur ebenbürtig, sondern überlegen war. Sie wuchs vor seinen Augen, wurde breit und groß und stattlich. Sie trug mit einem Mal ein Kleid aus den schillernden Farben des Meeres und dem Eisgrau der Felsen. Ihr Haar leuchtete dunkel und geheimnisvoll. Er konnte seinen Blick nicht von der Frau wenden, die sich da so wundersam verwandelte. Ja, er fing an, sie zu begehren, er suchte unter dem weichen Stoff des ständig sich wandelnden Kleides nach ihren festen Brüsten und ihrem Bauch. Er atmete schwer, er streckte die Arme nach ihr aus und schwankte. Ihm wurde schlecht, Tränen liefen aus seinen Augen, ohne daß er beschreiben konnte, was mit ihm geschah.

„Was... ist... das...", stotterte er und fiel in die Arme seiner Männer. „Ich werde blind, ich sehe nichts mehr."

Aufgeregtes Murmeln und Hüsteln im Saal. Die Alte wedelte leicht mit der Hand und lächelte.

„König", sagte sie weich. „Überlegt es Euch gut, ehe Ihr mir eine endgültige Absage erteilt. Euer Wort wiegt mir nicht so schwer wie der Wunsch der Prinzessin. Und der lautet: Sie möchte mit mir gehen."

Der König, wieder entzaubert, heulte auf. „Du, du schäbige, alte Krähe, du Zauberweib, du... Fangt sie", schrie er in höchsten Tönen. „Fesselt sie, werft sie in den Turm, vierteilt sie!"

Die Wachen stolperten heran. Doch die alte Frau verschwand plötzlich vor ihren Augen.

Die Wachen vor dem Burgtor wurden wieder verstärkt. Da sich kein Freiwilliger fand, mußten sie eingeteilt und unter Androhung übelster Strafen gemahnt werden, ihre Pflicht zu tun. Gerüchte waren in Umlauf, die von der alten Hexe erzählten und daß sie vermutlich alle Wachsoldaten verhexen, entmannen oder umbringen würde. Das war in der Nacht kein Trost für die Männer, die in der Kälte vor dem Tor kauerten, den Spieß vor sich aufgerichtet, der ihnen gegen die Hexe ja doch nichts helfen würde.

Der König war launisch und unberechenbar geworden. Er schrie seine Leute an, beschimpfte sie und drohte ihnen. Nachts im Bett haßte er sich selbst dafür, daß er von der Alten träumte, die sich vor seinen Augen so wunderbar verwandelt hatte.

Nur im Turm der Prinzessinnen war die Stimmung fröhlich. Alle drei Schwestern nähten eifrig Felljacken – sehr zur Mißbilligung ihrer Hofdamen – und strickten dicke Socken. Den ganzen Tag erzählten sie sich Geschichten, lachten und sangen hin und wieder das Lied der alten Frau, wobei immer die Jüngste die Melodie sang und die beiden Schwestern wunderschöne Harmonien dazu erfanden. Selbst die steifen Hofdamen lehnten sich dann zurück und lauschten dem Gesang. Es lag etwas in der Luft. Alle konnten es fühlen. Aber niemand konnte es benennen. Die Prinzessinnen waren ruhig und fröhlich. Die allgemeine schlechte Laune, Angst und Verwirrung löste nur Heiterkeit bei ihnen aus.

Eines Tages, als der König gerade von einem Kriegszug zurückgekommen war und alle Männer und Pferde im Hof versammelt waren, hörte man aufgeregtes Geschrei.

Als der König dorthin eilte, wo das Geschrei am lautesten war, sah er, wie die Menschen mit dem Finger in die Luft zeigten. Er hob sein Gesicht zum Himmel und konnte nicht glauben, was er sah: Dort oben flog ein riesiger Adler, der auf seinem Rücken einen Menschen trug. Fasziniert sah der König dem Flug des Adlers zu, doch dann erstarrte er. Auf dem Rücken des Vogels saß die Alte. Sie winkte ihm zu, und er konnte sogar ihr tiefes Lachen hören.

Der Adler steuerte geradewegs auf den Turm der Prinzessinnen zu. Der König lief aus dem Burghof ins Freie und sah zu den Außenfenstern des Turmes hinauf. Keinen Moment kam ihm in den Sinn, irgend etwas zu verhindern. Wie gebannt starrte er den Adler an. Der Vogel flog zum Fenster der jüngsten Prinzessin.

Der König bedeckte kurz mit der Hand seine Augen, als er sah, was nun geschah: Die Prinzessin, in dicke Felljacken und Socken gehüllt, stieg aus dem Fenster und schwang sich zur Alten auf des Adlers Rücken. Doch nicht genug damit: Nun nahm der Adler ein Bündel in seine Krallen, ein Bündel aus Fell, in dem die beiden älteren Schwestern saßen. Die Prinzessinnen winkten dem König und seinem Hofstaat zu und flogen mit dem Adler und der Bergfrau davon. Der König sank zu Boden und starb vor Schreck auf der Stelle. Die Burg aber begann bald zu verfallen. Bauern und Hirten hieben die Mauern entzwei und nahmen die Steine, um sich Häuser und Hütten zu bauen.

In klaren Vollmondnächten liefen die Bewohner der Bergdörfer vor ihre Haustüren und lauschten: Dann konnten sie die alte Bergfrau mit den Prinzessinnen lachen und singen hören, und der Wind trug Bruchstücke ihres Liedes durch die Nacht:

„Niemand kann sie fangen
niemand festhalten
doch immer kehrt sie zurück
immer
kehrt sie zurück…“

LITERATURLISTE

Arachne, *Journal of Matriarchal Studies,* London 1986.

Bancaud, Henri, *Die Tuareg,* München 1982.

Bächthold-Stäubli, *Handwörterbuch des deutschen Aberglaubens,* o. J.

Beit, Hedwig von, *Symbolik des Märchens, Gegensatz und Erneuerung im Märchen, Registerband,* Bern 1954.

Beitl, Richard, *Wörterbuch der dt. Volkskunde,* Stuttg. 1974.

Bingen, Hildegard von, *Das Buch von den Steinen,* Salzburg 1979.

Bonin, W. F., *Die Götter Schwarzafrikas,* Graz 1979.

Chicago, Judy, *The Dinnerparty,* New York 1979.

Ciba Zeitschrift, Basel 1932 bis 1948.

Debrunner, H., *Witchcraft in Ghana,* Accra 1961.

Devereux, Georges, *Baubo. Die mythische Vulva,* Frankfurt 1981.

Dickinson, Peter, *Das große Buch der Drachen,* Oldenburg 1981.

Dörrer, Anton, *Tiroler Fasnacht,* Wien 1949.

Droß, Annemarie, *Die erste Walpurgisnacht,* Frankfurt 1978.

Durdin-Robertson, Lawrence, *The Goddesses of Chaldea, Syria and Egypt,* Clonegal 1975.

Ebeling, Ingelore, *Masken und Maskierung,* Köln 1984.

Egli, Hans, *Das Schlangensymbol,* Freiburg 1982.

Elementarzeichen, Ausstellungskatalog, Berlin 1985.

Ethnomedizin und Medizingeschichte, Berlin 1983.

Fischer, Susanne, *Medizin der Erde,* München 1985.

Francia, Luisa, *Mond Tanz Magie,* München 1986.

Francia, Luisa, *Hexentarot,* Zürich 1982.

Francia, Luisa, *Der Afrikanische Traum,* Zürich 1985.

Froschauer-Rathmayer, Ida, *Die Oberpfalz in der Sage,* München 1934.

Gaube, Karin und Pechmann, Alexander von, *Magie, Matriarchat und Marienkult,* Reinbek 1986.

Gimbutas, Marija, *The Goddesses and Gods of Old Europe,* London 1982.

Gorer, Geoffrey, *Africa Dances,* New York 1935.

Graves, Robert, *Die weiße Göttin,* Berlin 1981.

Grimm, Jakob, *Deutsche Mythologie,* Band I, II und III, Frankfurt 1981.

Haas, Volkert, *Hethitische Berggötter,* Mainz 1983.

Harding, Esther, *Frauenmysterien Einst und Jetzt*, Berlin 1982.
Hauschild, Thomas, *Der Böse Blick*, Hamburg 1982.
Henßen, Gottfried, *Die Güldene Kette*, Gütersloh 1957.
Hertwig, Hugo, *Knaurs Heilpflanzenlexikon*, Stuttgart 1954.
Herders *Lexikon der Symbole*, Freiburg 1978.
Heresis, The Great Goddess, New York 1982.
Hetmann, Friedrich, *Eulenruf und Geistertanz*, Frankfurt 1982.
Hirschberg, Walter, *Wörterbuch der Völkerkunde*, Stuttgart 1965.
Hulme, Keri, *The Bone People*, London 1986.
Hurwitz, Siegmund, *Lilith*, Zürich 1983.
Idole, Ausstellungskatalog, Mainz 1985.
Ingersoll, Ernest, *Dragons and Dragon Lore*, New York 1982.
Jahrbuch für Bayerische Volkskunde, München 1930 bis 1954.
Kluckhohn, Clyde, *Navaho Witchcraft*, Boston 1967.
Knuf, Astrid und Joachim, *Amulette und Talismane*, Köln 1984.
Lady-Unique-Inclination of the Night, Nr. 1 bis 5, New Brunswick, 1976-81.
Laistner, Ludwig, *Nebelsagen*, Leipzig 1982.
Ley, Willi, *Drachen, Riesen, Rätseltiere*, Stuttgart 1956.
Lippard, Lucy R., *Overlay*, New York 1983.
Lommel, Andreas, *Schamanen und Medizinmänner*, München 1980.
Markale, Jean, *Die keltische Frau*, München 1982.
Marzell, Heinrich, *Hexen und Truden in Pflanzennamen*, hier in: Jahrbuch für Bayerische Volkskunde, München o. J.
Michelet, Jules, *Die Hexe*, München 1970.
Monaghan, Patricia, *Women in Myth and Legend*, London 1981.
Mühlmann, Wilhelm E., *Die Metamorphose der Frau*, Berlin 1984.
Muraro, Luisa, *La Signora del Gioco*, Milano 1976.
Murray, Margaret, *The Witch Cult in Western Europe*, New York 1971.
Muthmann, Friedrich, *Der Granatapfel*, Mainz 1982.
Muthmann, Friedrich, *Mutter und Quelle*, Mainz 1975.
Newman, Paul, *The Hill of the Dragon*, Bath 1979.
Nölleke, Brigitte, *In alle Richtungen zugleich*, München 1985.
Oppitz, Michael, *Schamanen im Blinden Land*, Frankfurt 1981.
Papp, Adolf, *Drachen und Echsen*, Wien 1954.
Pauli, Ludwig, *Die Alpen in Frühzeit und Mittelalter*, München 1980.
Rentmeister, Cillie, *Frauenwelten – Männerwelten*, Opladen 1985.

Reclams Archäologieführer, Stuttgart 1985.
Samuel, Pierre, *Amazonen, Kriegerinnen, Kraftfrauen*, München 1979.
Schidloff, Dr. B., *Liebe und Ehe bei den Naturvölkern*, Berlin 1925.
Shuttle, Penelope und Redgrave, Peter, *Die Weise Wunde Menstruation*, Frankfurt 1985.
Stone, Merlin, *Ancient Mirrors of Womanhood*, New York 1979.
Stone, Merlin, *When God Was a Woman*, New York 1976.
Tisserand, Robert, *Aromatherapie*.
Vollmers Wörterbuch der Mythologie, Stuttgart 1974.
Walker, Barbara, *Women's Encyclopedia of Myths and Secrets*, San Francisco 1983.
Walker, Barbara, *Die Weise Alte*, München 1986.
Wavell, Stewart, u.a., *Trances*, London 1966.
Weiler, Gerda, *Ich verwerfe im Lande die Kriege*, München 1984.
Weiler, Gerda, *Der enteignete Mythos*, München 1985.
Wild, Friedrich, *Drachen im Beowulf*, Wien 1962.
Williams, J., *Voodoos and Obeahs, Westindian Witchcraft*, New York 1970.
Wisselinck, Erika, *Hexen*, München 1986.
Womanspirit, Jahrgänge 1974 bis 1984, Oregon.
Zimmer, Heinrich, *Indische Mythen und Symbole*, Köln 1981.

Märchen:
Grimms Märchen, Andersens Märchen, Bechsteins Märchen, Hauffs Märchen, Diederichs Reihe *Märchen der Welt* und:
Früh, Sigrid, *Märchen von Hexen und Weisen Frauen*, Frankfurt 1986.

BESCHREIBUNG DER ERWÄHNTEN MYTHENGESTALTEN

Cerridwen:
keltische Göttinnen-Triade mit dem Symbol der Sichel für Mond und Tod. Sie besaß einen magischen Kessel, dessen Inhalt Leben und Tod bringen und verwandeln konnte.

Charybdis:
Meerungeheuer, Tochter der Echnida, soll an der Meerenge zwischen dem italienischen Festland und Sizilien hausen und Odysseus bedroht haben.

Echnida:
Mutter verschiedener Meerungeheuer der griechischen Mythologie.

Gorgonen:
Triade der Schrecklichen Frauen, die schön und furchterregend zugleich alle Männer, die sie erblicken, in Steine verwandeln. Sie leben am Weltenfluß, jenseits dieser Welt.

Hydra:
weibliches Ungeheuer der griechischen Mythologie, mit dem Körper einer Riesenkrabbe und vielen Köpfen. Herakles versuchte, Hydra zu bekämpfen, tötete sie auch, starb aber an einem Blutstropfen aus ihrem Körper. Das Sternbild Krebs am Himmel ist Hydras Zeichen.

Istar:
Große Göttin der Babylonier, der Himmelsstern, auch Asherat, die Himmelskönigin. Sie wird auch die „rote Göttin von Babylon" genannt, und von ihren Priesterinnen wird behauptet, sie gehen der Tempelprostitution nach, was lediglich bedeutet, daß sie in ihren Kulten den Körper nicht ausschließen.

Kali:
die Dunkle Mutter der indischen Mythologie, dreifache Göttin des Schöpfens, Bewahrens und Zerstörens. Sie wird hauptsächlich als grausame, unerbittliche, männermordende Göttin darge-

stellt, aber ihre ursprüngliche Bedeutung ist die der Gebieterin über Leben und Tod.

Kybele:
phrygische Große Mutter-Göttin, Höhlengöttin. Ihre rituellen Feste wurden „Spiele" genannt. Kybele-Priester wurden kastriert, um die Göttin nicht zu beleidigen.

Lilith:
sumerisch-babylonische Göttin Belit-ili, die „Heilige Frau", dargestellt 2000 v. u. Z. in Ur als Lillake. Sie widerstand dem Gott der Juden und Christen und wird als Gebieterin der Dämonen beschrieben.

Maya:
indische Göttin, Aspekt der Kali (Kali-Maya). Sie ist der unendliche Geist der Frauen, die Gestalt-Gebende. Sie ist auch die Mutter Buddhas. Die Schicksalswebende Große Göttin.

Scylla:
Meerungeheuer, ebenfalls Tochter Echnida und im selben Raum wie Charybdis angesiedelt.

Sedna:
Die Mutter der Walrosse aus den Mythen von Labrador (Eskimos), Herrin der Unterwelt und des Totenreichs. Ihr Name bedeutet „jene, die vorher ist".

Sphinx:
löwenköpfiges Ungeheuer mit einem weiblichen Körper aus der ägyptischen Mythologie. Die Sphinx gibt Rätsel auf, wer sie nicht lösen kann, muß sterben. Die Sphinx wird oft als zweiköpfige Göttin des Lebens und des Todes dargestellt. Sie ist eine Verkörperung der Kuh-Göttin Hathor.

Styx:
Unterweltsfluß der griechischen Mythologie: Die, die tabu ist. Styx wurde mit dem Menstruationsblut der Mutter Erde gleichgesetzt, sie floß aus einer heiligen Höhle bei der Stadt Clitor. Wie viele mythische Flüsse verkörpert Styx auch eine Göttin. Sie war eine Tochter des Ozean.

Tiamat:
sumerisch-babylonische Mutter-Göttin, repräsentiert die Tiefe. Ihr Sohn Marduk bekämpft sie und wird von ihr gefressen. In späteren Mythen erschlägt er sie. Tiamat wird auch TohuBohu genannt.

Unsas:
nach Siegmund Hurwitz fliegende weibliche Engel, Beschützerinnen der Frauen in der Art unserer Schutzengel.

Alle Beschreibungen stammen aus:
The Women's Encyclopedia of Myths and Secrets von Barbara Walker, *Vollmers Mythologie Lexikon* und dem dtv *Lexikon der antiken Mythen und Gestalten.* „Sedna“ stammt aus dem gleichnamigen Buch von H. P. Duerr.

Luisa Francia

geboren 1949, lebt mit ihrer Tochter bei München. Sie ist Filmemacherin, Malerin, Autorin. Und sie tanzt – „für Steine und Kreuzspinnen, gelegentlich auch für Menschen".

Zusammen mit Margarethe von Trotta schrieb sie die Drehbücher „Das zweite Erwachen der Christa Klages" und „Schwestern", machte später eigene Filme, z.B. „Hexen", schrieb und inszenierte das Theaterstück „Fischmaul". Sie veröffentlichte Gedichte in verschiedenen Anthologien und Zeitschriften. Ihre Bilder stellte sie u.a. im Frauenmuseum Wiesbaden, im Frauenkulturhaus München und – zusammen mit Herbert Achternbusch – in der Lothringer 13 in München aus. Sie übersetzte „Jambalaya" von Luisa Teish (Heyne Taschenbuch), „HeilWeise" von Susun Weed (Frauenoffensive) und das „I Ging für Frauen" von Diane Stein (Frauenoffensive).

Im Stechapfel Verlag, CH Spruga, erschienen „Hexentarot" und „Der afrikanische Traum", bei Piepers Medienexperimente, Lörrach, „Ich machte mich auf die Findung" und „Warten auf Blaue Wunder".

Im **Verlag Frauenoffensive** sind erschienen:

„Berühre Wega, kehr' zur Erde zurück"
112 Seiten, zahlr. Abbildungen, ISBN 3-88104-120-6

„Kalypso"
100 Seiten, ISBN 3-88104-138-9

„Mond - Tanz - Magie"
144 Seiten, mit Ritualfotos von Ine Guckert, ISBN 3-88104-152-4

„Drachenzeit"
120 Seiten, ISBN 3-88104-165-6

„Zaubergarn"
120 Seiten, mit Fotos von Inea Gukema, ISBN 3-88104-190-7

„Spielend scheitern"
120 Seiten, ISBN 3-88104-203-2

„Die 13. Tür"
128 Seiten, ISBN 3-88104-210-5

„Die schmutzige Frau"
144 Seiten, ISBN 3-88104-226-1

„SteinReich"
120 Seiten, mit 64 Orakelbildern zum Ausschneiden, ISBN 3-88104-239-3